JOHNNY ALF & CIA.

EDWALDO ARANTES

JOHNNY ALF & CIA.

70

JOHNNY & CIA.

AUTOR: Edwaldo Arantes

DIRETOR DA ALMEDINA BRASIL: Rodrigo Mentz
EDITOR: Deonísio da Silva
ASSISTENTES: Mary Ellen Camarinho Terroni, Michele Roberta Rosa e Silva
PRODUTORA EDITORIAL: Erika Alonso
ASSISTENTES EDITORIAIS: Letícia Gabriella Batista e Tacila Souza
ESTAGIÁRIA DE PRODUÇÃO: Natasha Oliveira

REVISÃO: Regina Célia Pereira e Paulo Roberto Souza Menezes Júnior
CONCEPÇÃO GRÁFICA: Eduardo Faria/Officio
SUPERVISÃO GERAL: Deonísio da Silva e Marco Pace

ISBN: 978-65-5427-205-6

Novembro, 2023

Dados Internacionais de Catalogação na Publicação (CIP)
(Câmara Brasileira do Livro, SP, Brasil)

Arantes, Edwaldo
Johnny Alf & cia : Encontros com o gênio esquecido da Bossa Nova e outras crônicas / Edwaldo Arantes. -- São Paulo : Edições 70, 2023.

ISBN 978-65-5427-205-6

1. Alf, Johnny, 1929-2010 2. Bossa Nova (Música) - Brasil - História 3. Compositores - Brasil - Biografia 4. Músicos - Brasil - Biografia I. Título.

23-177435 CDD-780.920981

Índices para catálogo sistemático:

1. Músicos brasileiros : Biografia e obra 780.920981
Eliane de Freitas Leite - Bibliotecária - CRB 8/8415

Este livro segue as regras do novo Acordo Ortográfico da Língua Portuguesa (1990).

EDITORA: Almedina Brasil
Rua José Maria Lisboa, 860, Conj.131 e 132, Jardim Paulista
01423-001 São Paulo | Brasil

www.almedina.com.br

GRATIDÃO A

Minha filhota muito amada e "anjo da guarda", Marina Roxo da Fonseca Arantes (Má) e sua mãe Taís Costa Roxo da Fonseca;

Deonísio da Silva, Reginaldo Arthus, Joaquim Maria Guimarães Botelho e Dr. Brasil do Pinhal Pereira Salomão.

Ao meu irmão, Ewaldo Marçal Arantes, e cunhada Solange Alves Ferreira Arantes;

Aos meus sobrinhos amados, Érica, Tiago, Rodrigo, Otávio, Sofia, Nícollas, Laura, Livia e Helena;

A todos os amigos e amigas, tios e tias, primos e primas.

Não preciso nominar, todos sabem de quem falo e o que representam na minha vida.

Uma menção aos personagens que me inspiram, uns fictícios, outros profundamente reais, que souberam abrir o caminho, guiando-me pelas árduas jornadas da existência.

FUNDAMENTAIS NA CONFECÇÃO

Prof. Paulo Roberto Souza Menezes Junior e

Profa. Regina Célia Pereira Menezes

Agradecimento especialíssimo à jornalista

Leonor Alcântara de Andrade (Rio de Janeiro).

In memoriam

Audálio Dantas

Levi Bucalem Ferrari

Isaura dos Santos Costa

Maria Aparecida Arantes

Sumário

A brisa que sopra e não se apaga

Era uma noite de domingo, vazia, solitária e angustiante. Saí correndo rompendo o portão de casa, como o abrir de uma cela. Nas ruas, o silêncio quebrado apenas pelas luzes do televisor executando incansavelmente o tema de um certo programa televisivo, apelidado de "hora do suicídio", como dizia um grande amigo.

Adentrei o bar que sempre ficava a meia luz, talvez para preservar a nossa solidão, pedi uma vodka, agindo como Maiakóvski e espantando o tédio. Ao fundo na penumbra vislumbrei um vulto com a cabeça baixa, talvez vivendo sua solitude.

Ninguém mais entrou no recinto nem mesmo uma sombra. Ficamos ali, dois seres e seus pensamentos envoltos em miscelâneas lotados de dúvidas.

Após um longo tempo, a vida com o seu pulsar e labor veio me despertar para a realidade dura do amanhã. Pedi a conta e me retirei. Na segunda-feira o bar estava mais iluminado, ao entrar deparei com a mesma cena, agora clara do ser sentado, passei em frente sua mesa e com uma deferência o cumprimentei e segui para o meu canto.

Engraçado que me pareceu com exatidão que o conhecia, talvez um vizinho antigo, um parente distante. E a noite foi andando com a chegada dos habitués.

Na terça-feira fui almoçar e vi um cartaz que anunciava "sexta e sábado Johnny Alf na Recreativa - inédito e imperdível". Minhas pernas ficaram trêmulas, era ele o vulto do bar.

À noite, passei pela sua mesa e envergonhado, perguntei:

—Você está em uma temporada em Ribeirão?

Ele num gesto sério e cordial, apontou a cadeira. Sentei-me sem saber que começaria uma amizade tão marcante quanto insólita.

Passamos a nos encontrar quase todas as noites no nosso bar, também vez ou outra o acompanhava em suas apresentações nos finais de semana.

Impressionante como amizades simples tornam-se tão solidas e necessárias. Em uma destas conversas o tema era solidão, ouvi dele frases e depoimentos que me marcam até hoje.

"Eu sou a pessoa mais só que existe, não tenho ninguém, nem mesmo um Canário" e passou a discorrer sobre sua

Alfredo José da Silva (Johnny Alf)

existência desde a morte do pai, um cabo do Exército, que faleceu quando ele tinha 3 anos. Sua mãe trabalhava como doméstica, na casa da musicista Geni Borges, que o iniciou no piano e nos estudos da música.

É uma longa história iniciada com a música erudita, durante noites e noites fui agraciado com sua rica trajetória que passa por Dick Farney, Nora Ney, Mary Gonçalves, Tamba Trio, Sérgio Mendes, Paulinho Nogueira, Sabá, Luis Chaves, Luis Carlos Vinhas Sylvia Telles, Luis Bonfá e tantos outros. Influenciou profundamente toda uma geração de Tom Jobim a João Gilberto.

Foi um dos baluartes em diversas casas cariocas e paulistas, professor de música do Conservatório Meirelles e autor de uma das mais belas e importantes páginas da Música Popular Brasileira.

Embora o que mais me importava não era o seu fantástico currículo, que o levou ao verdadeiro e justo destaque de "Pai da Bossa Nova", mas sim um diálogo de dois notívagos, já em estado de torpor pelo álcool.

Comentei com ele sobre um poema do Vinícius de Moraes, musicado pelo Toquinho, que relata: "o meu vizinho do lado se matou de solidão, ligou o gás, o coitado, o último gás do bujão... embaixo assinado Alfredo, mas ninguém sabe de que". Ele fixou os olhos fortes no meu rosto e disse: "Eu me chamo Alfredo" e repetiu ", Alfredo José da Silva", "nasci no Rio de Janeiro, em 19 de maio de 1929. Um detalhe que me emocionou e emociona até hoje, nasci no dia 19 de maio de 1959.

—Eu falei, você não é só, você tem a brisa, sua eterna companheira!

Seus olhos marejaram.

Depois de muitas noites e confissões. Fui ao nosso bar e a mesa vazia nenhum vestígio, nas noites e noites seguintes cheias de ausência.

Anos depois, fiquei sabendo da sua morte e o sofrimento pela doença, sendo seu corpo velado no Teatro Sergio Cardoso.

A solidão esteve com ele mesmo na morte independente das honrarias, foi sepultado acompanhado apenas pela suave brisa.

Continuei na mesma mesa sem saudade, melancolia ou tristeza. Tive a felicidade de conhecer o talento e conviver com alguém cujo as palavras e histórias eram permeadas da música mais pura e da solidão, pungente e parceira.

O martelo, o Prego, a Noite e a Surpresa

Na minha infância em uma cidadezinha pequena, após a Missa das 19 horas, só permaneciam nas ruas latas de lixo, cachorros e o guarda noturno. A única exceção pertencia a um botequim misto de bar e armazém na Praça da Matriz, onde os adultos debruçados no Balcão bebericavam, proseavam, contando causos e lançando desafios.

Um dos desafios encontra-se arquivado nos anais da história do Vilarejo, em um livro guardado a sete chaves, com todos os feitos narrados pelo Monsenhor Manciony, entregue ao Capelão Duartino Andor para sua guarda e proteção.

Um certo morador da corrutela, Joselino Epaminondas das Graças, amante da cachaça e tagarelice desfilava e destilava sua valentia, fazendo ode aos seus arroubos e realizações, orgulhando-se de sua bravura e destemor.

Na mesma hora surgiu o desafio, com o aval e instigação do 'Durvalino do Leite', único possuidor de um fusca ano 1960 com aquela capa felpuda amarela cobrindo os bancos, rodas talas largas e equipamento de som completo, com caixas de som e cornetas. Destaque para sua cor laranja, que durante o dia era capaz de cegar, com o reflexo do sol batendo na sua lataria.

Bem! Vamos ao estímulo:

Foi solicitado ao Totonho Muleta, proprietário do estabelecimento, um prego grande e um martelo. O artefato foi marcado com um esmalte vermelho cedido pela Dona Eponina, que assistia com a boca aberta e os olhos vidrados na novela 'Sua vida me pertence', estrelada por Wálter Foster e Vida Alves.

O senhor Antônio recebeu este triste e deprimente apelido advindo de um coice de uma mula brava, onde teve a perna amputada, engrossando a fila dos IAPAS, APCs, IAPTECs, IAPIs. Era como se chamavam as incompetentes previdências da época, hoje agregadas ao flagelo eterno, denominado INSS.

Realizados os devidos acertos, combinações e tratativas, ficou estabelecido que Jocelino seria encaminhado ao lado das testemunhas Durval Leiteiro, Inácio Barbeiro e Tião da Sela até ao cemitério, onde deveria pular o portão central, caminhar pela longa alameda até o final, cravando no muro branco a tacha marcada em vermelho.

Joselino, mesmo ressabiado, adentrou o 'Campo Santo', colocando o prego no bolso do paletó surrado e levando o martelo na mão, e foi cumprir o acordado exatamente quando soaram as doze badaladas registradas pelos sinos da Matriz, na calada fria da noite.

O tempo foi passando, um silêncio de tumbas e catacumbas, as capelas dos coronéis, dos comerciantes e suas gerações. Os jazigos suntuosos com suas esculturas sacras e retratos em bronze, demonstrando que mesmo na morte existe uma grande diferença entre o jazigo e a cova rasa.

O tempo passando, meia hora, uma hora, duas horas e nada do desafiante, os três apreensivos, transpirando mesmo no frio orvalho da noite quando Durval Leiteiro, já cochilando e morto de sono, tendo o ofício da ordenha às 4 da matina, explicou: Josenildo é um gozador, a esta hora já está em casa, escapando pelo muro lateral, zombando de nós. O dia vinha amanhecendo no Arraial, desprovido de Rádio Amador, "Espertofone", Instagram, Facebook ou WhatsApp.

Às 5 da manhã já corria o e-mail da língua solta entre os indivíduos com a apreensiva indagação: Onde está o Josenildo?

Dito Coveiro, chegando para o seu labor e sua lida com os ossos e almas, deparou-se com uma cena Dantesca: Joselino caído, com os olhos esbugalhados, o semblante demonstrando um pânico arrasador, medonho como Lúcifer, soltando fogo pelas ventas.

Ao lado, junto ao corpo, o martelo. No muro o prego, e um pedaço de pano arrancado do paletó preso a ele.

Com a pressa, o medo e as pernas bambas, só queria cumprir a missão e desaparecer o mais rápido possível da encrenca em que se metera. Joselino pegou o prego no bolso, as mãos trêmulas, na escuridão da noite sem luar, fincando o prego no muro, com o auxílio do martelo, virou-se rapidamente nos calcanhares. Acontece que o paletó foi preso junto com o prego, prendendo-o na parede, dando-lhe a sensação de que alguém o segurava:

Bateu as botas na hora.

Novamente Mazinho

Ao retornar ao Brasil, depois de uma temporada na Itália jogando pela Fiorentina, Sócrates foi contratado pelo Flamengo, onde o Doutor formaria um ataque digno dos nossos melhores sonhos, para fazer a alegria da nação rubro-negra onde a galera agradecida repetia: Tita, Bebeto, Zico, Sócrates e Adílio.

No meio campo Andrade, na defesa, Leandro, Mozer e Júnior. É ou não é de estraçalhar o coração?

O Magro escolheu como morada uma casa na Barra da Tijuca e foi logo recebendo como a primeira visita, quem? Mazinho.

O velho amigo e agregado, que desta feita encontrava-se meio tranquilo em São Paulo, aproveitou para uma esticada nas areias da "Cidade Maravilhosa", tomando um chopinho, olhando um barquinho e vendo um brotinho. Além é claro, por coincidência divina, ser Carnaval no Rio.

O jogo foi no sábado, apesar de ser o domingo o dia sagrado do Maracanã.

Alvoroço nos ares, Fla-Flu dos grandes, "lobo não come lobo, Fla-Flu é na Rádio Globo", a cidade em polvorosa, Carnaval no Rio e Sócrates no Flamengo.

Logo pela manhã o Magro já fala com o Mazinho:

—Estou no hotel, passe aqui e dou um jeito de irmos juntos, você fica com alguns amigos e assiste ao jogo no camarote.

E o Mazinho como sempre, não querendo incomodar:

—Não, eu vou na Geral mesmo e depois a gente se encontra.

O Magrelo, que é de entender tudo e todos, sempre deixou para lá.

Mazinho foi para a fila das bilheterias do Maraca, quando ouviu um grito:

Era um jornalista que havia conhecido no Maza em uma balada na noite anterior, lá pelos lados da Lapa, que fez questão de levá-lo para assistir ao jogo em uma cabine de imprensa.

Ao adentrarem o saguão principal, o gentil jornalista solicitou ao nosso "Príncipe de Gales" que o aguardasse um instante, pois retornaria logo.

Enquanto isso Mazinho andava para lá e para cá, cigarrinho entre os dedos, resolve abrir uma porta. Seguiu caminhando curioso por um longo corredor, que o levaria direto ao vestiário do Flamengo.

Imediatamente ele se volta, procurando dar no pé, quando ouve um chamado, quase uma súplica:

—Moço, ô moço! Você está muito ocupado aí? Pode me dar uma força?

O Mazinho se vira bem lento com aquele seu jeito de "Juan Carlos I" e dá de cara com Bebeto, fazendo jus ao seu codinome "Bebê Chorão", que pede que o ajude a enfaixar o pé.

A cena, além de antológica, é digna de registro nos anais da história futebolística, pois quando o Magro chega, depara com o Mazinho agachado, o Bebeto segurando o cigarro (pois o nosso “Príncipe Rainier”, teve a ousadia de pedir ao craque para segurar o cigarro), enquanto ele cumpria os seus ofícios de massagista, fisioterapeuta, maqueiro, educador físico e sei lá que diabos pode-se chamar aquilo.

E ainda hoje se comenta do Leme ao Leblon, do Maracanã ao Andaraí, da Lapa a Niterói, do Amarelinho ao Bracarense. Um caso contado por alguns da crônica esportiva e por antigos conhecidos torcedores rubro-negro. Daqueles apelidados de “Geraldinos” ou “Arquibaldos”, expressão cunhada pelo brilhante e inesquecível Nelson Rodrigues, tricolor e assíduo frequentador do Maracanã.

Acima, Waldemar Chubaci Filho (Mazinho), ele com Sócrates Brasileiro Sampaio de Souza Vieira de Oliveira (Sócrates) e eventos com o craque.

O famoso torcedor, com radinho colado no ouvido, que jura e atesta ter ouvido o "Valdir Amaral" assim narrar:

—*O relógio marca 38 minutos da etapa final no maior do mundo! Deixa comigo que eu deixo com o Leandro, vai descendo o Peixe Frito, vira de trivela para o Andrade que toca de ladinho para o Adílio! Vai o "neguinho" bom de bamboleio, vislumbra Zico: o Galinho de Quintino recebe, pisa na pelota, levanta a cabeça e lança Sócrates! O Doutor avança, atira e... Entrou! Golllllllllllllll, do Flamengoooooooooooooooo.*

1,2,3 e 4! Sócrates, o mago, o Doutor! Oito é a camisa dele! Indivíduo competente o Sócrates! Declarado aberto o Carnaval do Flamengo.

—Eu chamo Mário Vianna de "o Juiz do Povo". Ele falou, tá falado.

E o bordão:

—*Mário Vianaaaaaaaaaaaaaaaaa! — Sócrates cortou, ajeitou, atirou. Gol legal!*

—Vamos chamar agora o comentarista que a galera espera: Washinton Rodrigues.

E o bordão:

Washinton Rodriguessssssssssssssssssssss!

—Diz aí Washington, o que só você viu?

—*Eu vi e sou testemunha ocular da história. Leandro, Andrade, Adílio e Zico, chamando Sócrates, que mandou para o fundo das redes do Fluminense, marcando o quarto gol do Flamengo.*

Mas quem viu mesmo, e de perto, está La embaixo coladinho no lance, andando em cima da bola.

—Me diga o que você viu?

Mazinho!

O Insano e Solitário Ofício de Escrever

Quase sempre sinto um incômodo, um rubor brotando na face, como quando criança no "Grupo Escolar Campos do Amaral" no instante em que a Dona Nair olhava para a sala e um silêncio sepulcral pairava no ar. Em um momento de tensão e terror quando um de nós era sorteado para declamar Bilac, após o recreio, com todos os alunos formando a plateia. Em hipótese alguma digo algo sobre a obra fantástica de Olavo Braz Martins dos Guimarães Bilac. Apenas pela timidez mineira mesmo.

Este mesmo rubor da infância me atinge quando me ponho a pensar nas razões que me levam ao desatino de ousar escrever, ofício árduo e solitário, e na maioria das vezes desolador.

Acredito que quem escreve tenha outro e peculiar olhar sobre si, o mundo, as incertezas e os mistérios que o cerca.

Todos os significados podem ser alterados, criados ou imaginados. O sorriso pode ser uma lágrima, um tênue riacho, um caudaloso rio, um coração moradia, uma choupana um castelo, as estrelas podem brotar em um chão de terra.

Pode-se escrever para algo ou sobre algo. Um passado, uma sombra, um cheiro, um momento ou os barulhos silenciosos da noite escura. "Pode inventar qualquer mundo como um vagabundo".

Frases como esta fazem brotar uma pontinha de inveja dentro da gente. Pequenina e inocente, que não prejudica e nos faz suspirando segredar: "Eu queria tanto ter escrito isso".

Acredito que na realidade o escritor permanece na espreita, observa, espia, degusta, escondendo-se dentro de si, do personagem, dos atos e fatos.

No íntimo, assombra-o muito o mundo e as pessoas, talvez por esta razão as desnude. Moldando-as ao seu gosto e vontade, pode perceber vivamente imagens e gestos, um leve toque das mãos nos cabelos, uma tristeza no olhar, o manejar dos talheres, o rosto mirando o espelho, o batom, ou simplesmente uma boca sorvendo o vinho.

Pode devanear um andar, uma menina no balanço, uma senhora ajoelhada posta em oração, um crepúsculo melancólico em um sítio distante. Pode conversar com piratas, navegar mares bravios, cavalgar o corcel branco do Tom Mix, ou até mesmo voar para o infinito nas asas do Pégaso e na garupa de Belerofonte.

Admito e julgo que o escritor só sabe escrever. Absolutamente nada mais sabe fazer. Tem pouquíssima ou nenhuma intimidade e entendimento do mundo real. Nada almeja das engrenagens, nuances, estereótipos, do suposto ordenamento das normas que regem os caminhos do homem, da mulher, das cidades, do tempo, dos sinos e relógios, das intrincadas relações do ser com a sua sina, seus dias, enigmas e o íngreme e breve caminho da curva da vida.

Admito e acato que no fundo aparenta existir quase verdades em quem comete o ato insano de agrupar letras, descobrindo palavras e frases, tentando explicar o inexplicável, fazendo do real o imaginário ou da realidade a fantasia. Pode fazer do instante uma referência ou uma interrogação.

Pode ainda cunhar uma frase refletida com batom no espelho ou rabiscar um símbolo no papel envolto no brilho da tinta e no silêncio da palavra que teima em não brotar.

Edwaldo Eugênio Arantes. Acima, a ferramenta.

Reminiscências, revelações e confidências

Sempre fui um apaixonado pelo rádio, paixão que nutro até hoje e que certamente teve seu começo muito longe, quando menino, em companhia de minha mãe e meus irmãos, deixamos Belo Horizonte, atordoados pelas desavenças da vida. Sem rumo e sem destino, reminiscências de um tempo sombrio que só vim a descobrir anos depois, começando a entender a origem de tudo. Naquela época, na inocência da infância, tudo parecia uma grande festa, com risadas, folguedos, correrias, brincadeiras e descobertas.

Tenho vagas lembranças que ainda hoje se misturam aos sonhos como imagens meio apagadas, envoltas em uma névoa, que vez em quando se dissipam como fumaça, surgindo na minha frente a estampa dos quatro na plataforma da Estação Ferroviária, com pouquíssimos pertences, que lembra Adoniram Barbosa: "tudo que eu tenho é tão pouco que cabe no bolso de trás...".

E junto de parcos objetos, o nosso rádio, um antigo Philips preto dos grandes, com alto-falante escondido pelo pano marrom, válvulas e uma luz que iluminava nossos medos todas as noites. Sempre nas minhas imaginações me vejo correndo pelos vagões junto com meu irmão mais velho que sempre cuidou muito bem das minhas dores pela vida afora até hoje. Com um saco de biscoitos nas mãos, tropeçando nas pernas dos passageiros, sob o os olhares atentos e o semblante muito triste, porém altivo e digno de nossa mãe, embalando meu irmão caçula, ainda usando fraldas.

Fomos residir em uma cidadezinha do interior, na casa de uma tia idosa, sistemática e muito severa. Dormíamos os quatro juntos. Minha tia não permitia que a luz ficasse acessa e mamãe, nos protegendo da escuridão e dos temores da noite, girava o dial buscando a Rádio Tupi do Rio de Janeiro. Adormecíamos juntinhos ouvindo músicas, notícias, comentários e os comerciais peculiares da época. Protegidos pela tênue luz que brotava do visor, iluminando as trevas do quarto, tentando clarear as incertezas de nossas vidas dali para frente.

Depois, tudo foi melhorando, as feridas cicatrizando, o tempo cuidando de tudo apaziguar, apagar e serenar. Minha mãe, professora, conseguiu sua transferência de Belo Horizonte pela pena democrática e solidária do senhor Dr. Juscelino Kubitschek de Oliveira. Alugamos uma casa pequena e simples, com muito amor. Minha mãe começou a ministrar aulas no "Gymnasio" da cidade, e lá prestou seus serviços por sessenta anos, recebendo o título de "Professora Emérita".

Fui crescendo com o mundo, nutrindo-me das marcas que a existência nos conduz, sempre nos moldando, tangendo, adaptando, transformando e acomodando.

E o rádio sempre ao lado, trilhando os mesmos caminhos.

Comecei cedo o meu labor. Ainda menino de calças curtas, fui trabalhar na alfaiataria daquele que seria meu mestre, amigo, parceiro, enfim meu verdadeiro pai: meu tio. Talentoso músico, exímio alfaiate, Geraldo Borges Campos, Maestro Lalado, que hoje dá nome ao coreto da Praça central.

Na alfaiataria, o rádio ligado na Rádio Globo AM, rua do Russel, bairro da Glória. Rio de Janeiro. "Lobo não come lobo, Fla Flu é na Rádio Globo", bordão que anos depois minha filha Marina, repetia o dia inteiro, na graça dos seus cinco anos.

As manhãs passando, os ternos surgindo, as tardes longas, o cair da noite e o rádio ligadinho na Rádio Globo AM RJ.

Deixei os calças curtas e fui trabalhar na lendária "Pharmacia Sant'Anna" do meu tio, Dr. José Ananias Alves Ferreira Júnior, que era consultado pela cidade inteira e curava todos.

Ouvia o paciente com calma e serenidade, colocava o rosto entre as mãos, ficava em silêncio pensando, pegava um papel e nele rabiscava estranhos códigos com letras e números, dirigia-se a um completo laboratório ao fundo da Pharmacia, misturava uma série de produtos, elementos, suspensões, sempre consultando sua farmacopeia e preparando o medicamento por meio de poções, pílulas, cápsulas, pó e todas as formas e manipulações possíveis. Depois de findado, entregava tudo ao pacoteiro, este pobre escriba, que dizia ao paciente: *Tome uma colher de sopa de 12 em 12 horas.* E o enfermo sarava mesmo!

Na farmácia, o dial sintonizado na Rádio Bandeirantes AM de São Paulo, onde convivi e conheci Omar Cardoso, Fiori Gigkliotti, Pedro Luiz, Mário Moraes, os titulares da notícia e o inesquecível "Poder da Mensagem", com Hélio Ribeiro, às 12h.

Anos e anos depois, um sonho realizado: fui superintendente do Sistema THATHI de Comunicação, formado pela TV Cultura e as Rádios Globo AM-RJ, CBN e Rádio 79, onde aprendi tudo com Morandini, José Fernando Chiavenato, Luis Carlos Brisa e equipe, Luchesi Júnior, Élida, Antônio Cassoni, Edmo Bernardes, Kajuru, Apolinário, Carlos Calixto, Antonio Celso, Kajuru, Giles, Celso Franco, Renata Barussi, Érica Amêndola, Danilo Scot, João Fagiolo, Raphael, Juninho, Mirtes Wirmann, Dácio Campos, Curió, Junio Mota, Íris Ribeiro, Marcos de Assis, Renata Canales, Valladão, Lina Dornela, Corauci Neto e tanta gente mais onde nesta lista, que subscrevi alguns, já ligaram os microfones no Céu.

O maior mercador do mundo

Na infância da minha terra, como em todas as localidades e meninices, a cidade era pródiga em tipos estranhos, lunáticos, forasteiros e folclóricos em geral. Aproveito para uma licença poética, fazendo uma homenagem ao "Poeta Maior", Carlos Drummond de Andrade, na sua Minas de antes, eternizada tão bem: "O doido passeia pela cidade sua loucura mansa.", "...torna-se o doido municipal, respeitável como o Juiz, o Coletor, os Negociantes e o Vigário. O doido é sagrado. Mas se endoida de jogar pedra, vai preso no cubículo mais tétrico e lodoso da cadeia".

Entre os nossos habitantes peculiares havia o Passarinho. Dono dessa alcunha por negociar canários, curiós, pintassilgos, coleirinhas, azulões, sabiás e bicudos que naquele tempo ainda podiam povoar as varandas e sacadas. Apelido esse que um dia, em uma cena Dantesca, se transformaria para sempre em um calvário que o acompanharia até a morte.

O Passarinho tinha um mote no seu ramo comercial, ou seja, apenas negociava seu produto aos ilustres visitantes e turistas que em veraneio buscavam nosso clima, sítios amenos, lugares mágicos, águas termais e minerais.

Termópolis, Águas Quentes no meu tempo, Fortaleza, agora Pousada Água Azul. Nosso carnaval de rua era destaque em todo o estado como um dos melhores de Minas:

destacados queijos, nossos bailes, nossos luares e nossa destacada hospitalidade.

Em um Natal, um ilustre senhor, magistrado, desembargador em Belo Horizonte, cansado das buzinas, britadeiras e televisores, sonhou com o canto magistral do Canário Belga. Foi indicado ao mais competente empresário do ramo das penas e cantos, que lhe prometeu o melhor e inigualável Belga daquelas serras, semelhantes apenas aos criados pelo meu tio Maestro Lalado e o grande amigo Omarzinho Pimenta, que é claro, os tinham apenas para alegrar a vida.

Passarinho, do alto de sua sapiência e experiência nas atividades passarinhescas, foi logo dizendo:

—O Doutor pode ficar tranquilo. É um tirinho de espingarda.

Nosso comerciante, pensando no saldo final de sua contabilidade e no porte econômico do comprador, cobrou um preço bem acima do mercado ornitológico. O Dr., sem se preocupar, bateu o martelo, fechando o negócio no "fio do bigode".

Na hora e no lugar marcado apareceu o nosso mercador, com um Canário Belga de fazer inveja ao Uirapuru. Amarelo como ouro, mais verdadeiro que a gema do ovo, de encher a alma e marejar os olhos.

Disse ao Desembargador, o nosso "doutor honoris causa":

—Ele ainda está meio macambúzio, mas dentro de dois, três dias, cantará que é só o senhor "vendo".

Data vênia, lá foi o Doutor da capital, orgulhoso levando o tesouro em uma gaiola ampla e dourada, adquirida para a moradia daquele que iria alegrar e enfeitar os dias, privilégio daqueles que sabem o que é ser acordado em uma ensolarada manhã de domingo pelos trinados e gorjeios de um Belga.

Nas alterosas, o canário quieto. Silencioso como as noites em claro, como um piano fechado, ou como minha filha Marina, com a mamadeira, olhando para o teto do quarto.

Um dia, dois, três e o bicho calado, apenas devorando tudo o que lhe ofereciam. Uma folha de almeirão fresquinha, metade de um jiló, alpiste, linhaça, ração, sementes especiais e demais ingredientes da gastronomia dos Canários. Tudo em vão. Ele apenas piava, pulava e comia.

Duas semanas depois, despencou uma chuva torrencial, de fazer jus ao grito do famoso personagem de Jorge Amado: Águaaaaaaaaaaaaaaaaaaaa!.

Toda a família no Mineirão, em uma final Azul versus Alvinegro, e o Canário pendurado ao sabor do vento. Voltando à família, correram todos ao Canário. Para a surpresa e perplexidade geral, o Belga estava cinza, mais cinzento que o céu anunciando tempestade.

E o nosso mercador de Passarinho foi eternizado Pardalzinho, pintando os pardais da cor e tonalidade, conforme era o desejo e o pedido do freguês. Só não podia a mercadoria ser exposta às intempéries.

Canário Belga

Pandemia, Bossa Nova e a Casa Villarino

Um dos berços da Bossa Nova, no Centro do Rio, se junta à longa lista de estabelecimentos prejudicados pela Pandemia. Com 67 anos, o bar e restaurante na avenida Calógeras informa que fechará as portas por tempo indeterminado.

Músicos, poetas, intelectuais, jornalistas e personagens da boêmia carioca marcaram presença no local, que serviu de "point" para as gerações seguintes. Foi entre as mesas da "Casa Villarino" que passaram Ary Barroso e Elizete Cardoso, entre tantos outros.

No verão de 1956 o jornalista Lúcio Rangel apresentou Tom Jobim a Vinicius de Moraes para musicarem a peça "Orfeu da Conceição", estreadas meses mais tarde. Tom Jobim se apresentava em bares boêmios, e criou um apelido para eles, que caiu no jargão popular: "inferninhos".

Tom vivia em uma "carestia" danada, que serviu para que ele cunhasse uma frase que ficou eterna: "Naquela época eu disputava com o aluguel!". Lúcio Rangel combinou com Vinícius de Moraes que iria apresentá-lo ao músico Tom Jobim, em um Bar no Centro do Rio, foi escolhida a "Casa Vilarinho" para o encontro, onde o poeta explicou tudo o que pensava sobre a peça teatral "Orfeu da Conceição".

Tom permaneceu quieto prestando muita atenção e num repente fixou os olhos no Poeta, lembrou do aluguel atrasado e da pindaíba em que se encontrava, indagando: "Vai ter um dinheirinho"? Vinícius corou e quase chorou. Segundo Jobim, ele passaria a vida inteira morrendo de vergonha, mas o momento financeiro infelizmente era desolador.

Assim nasceu "Orfeu da Conceição", e uma parceria que se transformaria em uma das páginas mais criativas e marcantes da Música Popular Brasileira, além de uma beleza ímpar.

Antônio Carlos Brasileiro de Almeida Jobim, nasceu no dia 27 de janeiro de 1927 em uma casa na rua Conde de Bonfim, bairro da Tijuca, Zona Norte do Rio de Janeiro. O músico nasceu em sua casa, em um parto realizado pela mesma parteira que trouxe ao mundo Noel Rosa, conforme revela o livro, "Antônio Carlos Jobim, um homem iluminado", escrito por Helena Jobim.

Um dos artistas brasileiros de maior projeção no exterior, maestro, arranjador, cantor pianista e compositor que acima de tudo amava o Brasil com sua fauna, flora, costumes, cultura e seu povo.

Desde sempre um apaixonado pela alegria, a boemia, os bares e o jeito peculiar de ser do carioca. Considerado um gênio da música. Suas obras contribuíram para que a Música Popular Brasileira fosse extremamente divulgada no mundo na década de 60, "Garota de Ipanema" é a prova cabal, sendo Tom Jobim reconhecido como um dois maiores músicos e compositores do século XX.

"Eu sou apenas um pobre amador apaixonado, um aprendiz do teu amor..."

Como Conheci Saddam

Corria o ano da graça de 1991 quando trabalhando em uma conceituada empresa de prestação de serviços educacionais fui convocado pelos seus sócios, por meio do seu presidente, para uma estranha, porém não menos nobre missão.

Os proprietários possuíam uma chácara que vez por outra era vítima de gatunos e desocupados, que por lá praticavam a secular arte de "surrupiar" galinhas do galinheiro alheio. Devido aos motivos, solicitaram-me que movesse mundos e fundos a procura de um cão bom que pudesse ser capaz de fazer guarda ao patrimônio, no que estranhei, pois se era para proteger melhor seria um cão mau.

Juntamente a um dos sócios dirigimo-nos a bordo de uma velha perua Kombi, apelidada de Trovão Azul a uma belíssima propriedade rural no Sudoeste de Minas Gerais, indicada por um amigo que conseguiu junto ao proprietário, a doação do cachorro.

Chegando ao local fomos amavelmente recebidos pela tradicional hospitalidade mineira, com direito a pão de queijo, café e um dedo de prosa. Conversa vai conversa vem, naquela modorra mineira, cheia de círculos, que fosse tocado no assunto que me motivou a realizar a visita.

Diante do imbróglio, indaguei:

—E o cachorro?

Notei certa dúvida no ar, um desvio de conversa, um olhar meio de lado.

Mais um cafezinho seu moço? A prosa esticando e nada do esperado... o cachorro, é claro.

Foi quando me levantei, preocupado com a viagem de volta, neste caso pensando a bombordo, talvez a estibordo e coisa lá que o valha, quando um matuto gritou assustado:

—Patrão! Patrão! Lá vem o Saddam!

Foi uma debandada geral, ficando apenas eu e o professor Baltazar na vasta varanda a destacarmos um ponto branco, surgindo ao longe, no topo da serra, que crescia a cada minuto.

Num instante estava diante de nós algo que a vista e a prudência se negam a crer: um cachorro imenso, do tamanho de um bezerro crescido, com a cara do terror, um olhar de Belzebu.

O proprietário rural se juntando a nós, explicou acalmando:

—O Saddam é manso, só assusta pelo porte descomunal para um cachorro, podem ficar tranquilos.

Uns quatro encarregados e o capataz tentando em vão adentrar o bicho ao interior do veículo.

Quando a voz de um negro, com os cabelos em painas, do alto de sua sabedoria e os noventa anos, vaticinou:

—É só levantá-lo e retirá-lo do chão!

Dito e feito, Saddam ficou como um bebê no sono.

Depois das mesuras, lá fomos nós sacolejando estrada afora, com a besta amarrada atrás da Kombi sem bancos, o professor ao volante e um silêncio sepulcral. Foi caindo a noite e a escuridão se avizinhando.

De repente senti um vapor na nunca, como a respiração e o bafo de Lúcifer, com o Saddam pousando a cabeça no meu ombro, eu olhando de canto dos olhos, espiando sem ver, suando e rezando para chegarmos com vida em Ribeirão.

Internei o Saddam em uma Clínica Veterinária, conforme instruções, para um check-up. Uma consulta completa com os demais preparativos e medicamentos da zoolatria

Virei nos calcanhares e só parei no "Bar da Néia", ainda tremendo, com a garganta seca e o coração pulsando descompassado.

Dois dias depois, fui chamado à sala dos diretores, com um deles nervoso e alterado falou alto:

—Suma com este Saddam daqui! Ele assassinou três porcos, cinco galinhas d'angola, quatro marrecos de Pequim, promovendo um desespero na Estrada das Palmeiras, onde ninguém mais sai de casa, nem de dia e nem de noite.

Eu que não sou bobo nem nada, transferi a honrosa tarefa para os gloriosos oficiais do Corpo de Bombeiros que passaram uma madrugada inteira procurando o Saddam.

Saddam

Diálogos insólitos

Sempre nestas manhãs de inverno morno, no meu passado de funcionário público, gostava de caminhar no "Complexo do Morro de São Bento", admirando as frondosas árvores que cercam o local, com destaque para dois Ipês que, no inverno, brindam quem passa com suas flores lilás.

Os Ipês são muito familiares aos meus olhos, pois minha terra natal possui o título de "Cidade dos Ipês". Essas lindas árvores destacam-se pelas cores distintas, brancas, amarelas, rosas e roxas, existindo ainda os "Ipês Verdes", que se revezam e disputam a preferência dos olhares emocionados e perplexos com o colorido de suas flores e formas.

No meio dessas lembranças, veio-me à tona um fato que não tem absolutamente nenhum nexo com os Ipês, exceto por ter como protagonista um cidadão de minhas terras, o senhor Arlindo, dedicado e competente jardineiro da praça da matriz, rodeada de Ipês, que ele cuidava como se fosse sua casa. Muitas vezes, ele nos dava uma correria danada quando nos dedicávamos à arte de roubar rosas para depositá-las nas janelas das amadas em nossas serenatas nas madrugadas de sábado.

O senhor Arlindo tinha como característica algo bem peculiar: nunca havia sequer saído de seu torrão natal em toda a vida. Jamais cruzou as fronteiras do município, nem mesmo para uma visita ao sítio dos parentes, nas noites natalinas.

O Dr. Urias Grau, tradicional e competente médico da província, decretou, do alto de sua sabedoria médica, em uma rara consulta realizada com o senhor Arlindo — que nunca havia entrado em seu consultório — a necessidade de uma viagem até Ribeirão Preto para a realização de profundos exames.

Senhor Arlindo ficou cada vez mais apreensivo e taciturno à medida que se aproximava a fatídica data de adentrar em São Bento e rumar para o desconhecido.

Na data marcada, ele acordou pela madrugada, tomou seu café com um naco de pão, vestiu um paletó de brim, em total desuso, e rumou para a rodoviária, com destino ao seu calvário.

O coletivo balançava e levantava poeira, assustando vacas e bezerros. Pela janela, passavam currais, açudes, cafezais, riachos, e o senhor Arlindo lá atrás, branco como cera, com os olhos arregalados e o "palheiro" no canto da boca.

Chegando a Ribeirão, entrando pela Avenida da Saudade, passando em frente ao rei da boemia, "Três Garçons", o cobrador foi se dirigindo aos passageiros, recolhendo os bilhetes, furando com alicate para marcação da conferência, colocando-os entre os dedos.

Ao chegar a vez do senhor Arlindo, travou-se o seguinte diálogo, que procuro transcrever com a mais absoluta veracidade, como me foi passado pelo Dr. Haroldo Garcia, talentoso músico e médico que cumpria Residência na Universidade de São Paulo, USP-RP, viajando na poltrona ao lado.

—Meu senhor, o seu bilhete - solicitou o cobrador.

—Que bilhete? — indagou senhor Arlindo.

—A passagem — retrucou o cobrador.

—Que passagem? — perguntou senhor Arlindo, argumentando:

—Olha aqui seu moço, eu sou mineiro, fio de barba, paguei com dinheiro vivinho lá na rodoviária pro Nersinho.

—É que eu preciso do comprovante —respondeu o cobrador, já irritado.

—Que comprovante? — recomeçou senhor Arlindo.

E a pendenga continuou, até que num lampejo, coçando a cabeça com os dedos finos e amarelos, num sopro de lembrança, balbuciou entre os dentes:

—É aquele "paperzinho marelinho"?

E o cobrador, com um semblante aliviado, respondeu:

—Sim.

E o senhor Arlindo, com um sorriso maroto no canto da boca, disse:

—Pitei!

Quando eu me chamar saudade

Peço licença poética a Nelson Cavaquinho e Guilherme de Brito, pelo título escolhido.

Um dia eu vou embora desta terra, terei meu ranchinho na beira do lago, bem pequenino, um fogão a lenha, um quartinho, um rádio, um cachorro sonolento e nunca mais sairei de lá.

Acordar as quatro da matina, ferver uma água, passar um café, abrir um tinto seco, uma caneca de alumínio, jogar um naco de carne na trempe, ficar esperando o dia amanhecer e o Sol brotar do lago

Cuidar de uma pequena horta com couve, rabanete, rúcula, pimenta dedo de moça, malaguetas vermelhas e verdes.

Esperar o dia passar, colocar umas varas para uma fritada de Lambaris, ficar ouvindo rádio o dia todo, jogar fora o celular, vez ou outra ir ao armazém do Nico, tomar um trago, jogar uma sinuca, derrubar conversa fora, só falar de assuntos sem importância nenhuma, política, futebol, pescaria, discutindo assuntos "que a gente não entende nada". Retornar com umas linguiças, banha, carne seca, lombo, costela e voltar apenas trinta dias depois para saldar o débito.

Meus sonhos e vou realizar.

Esticar a rede, abrir um Pessoa, Um Drummond, um Pound, um Rosa, um Bandeira, simplesmente ficar olhando o céu azul de manto celestial, ou apenas ouvir o canto do Sabiá Laranjeira, bicando a fruta do dia.

Ao entardecer ficar observando o Sol se escondendo entre as árvores, se disfarçando em Lua, sentir o calafrio do vento calmo da noite chegando, acender o fogão, pensar no jantar, cortando geometricamente as batatas, cenouras, abobrinha e na outra trempe fumegante a frigideira com banha, alho-poró, cebolas picadas, pimentões, tomates, cheiro verde, folhas de louro, alecrim, manjericão, salsa, pimenta do reino, pimenta calabresa e a linguiça em rodelas, a fumaça brotando em cheiros e odores, jogar meio copo de cachaça mineira de Salinas, o fogo crepitando e suas chamas querendo subir aos céus, o álcool se dissipando, deixando apenas a fragrância e o bálsamo da cana verdinha.

Uma pimenta malagueta vermelha, uma farinha de mandioca e o prato feito para degustar na pequena varanda com a mesinha circular de madeira.

Às seis horas o rádio clamando pelo "Angelus", comunicando o momento da Anunciação.

Saborear com calma a ração destinada aos homens, regada com o vinho da razão.

Depois sentar na cadeira de balanço e ficar pensando sobre o passado, as realizações, respirar profundamente, feliz de existir e ser você, só, puro, realizado, usufruindo da paz de estar em sintonia com o seu tempo.

Dois contos de réis

Primeiro:

Em um certo lugar, um território, uma cidadezinha ou arraial, dois cidadãos se revezavam no poder municipal da província pertencente às nefastas Arena 1 e Arena 2, dignos representantes da ditadura militar e seu braço da tirania e calúnia, denominada UDN. Minha família pertencia ao extinto PSD e militava no MDB, um emaranhado de esquerda, direita, centro, Partidão e demais agregados

Um dos indivíduos, no gozo de sua cadeira, eleito pela maioria, resolveu construir uma fonte luminosa na praça principal do vilarejo, a obra caminhando a passos largos, a população contente, sonhando com o bolo do "Delfim Neto", que cresceria e depois, dividido e repartido entre todos, mas como sempre foi alimentado a meia dúzia de ungidos.

Ao chegar o dia dos testes, o mestre de obras, travestido do pomposo nome de Secretário Municipal de Desempenho e Energia, com o alcaide cercado pelos seus capachos, sabugos, lambe-botas, bajuladores, áulicos, moradores e curiosos, atônitos e deslumbrados com as águas subindo e descendo dançando em um festival de cores, tal qual as bandeirinhas de "Alfredo Volpi".

Em um determinado momento o primeiro mandatário, visivelmente decepcionado, chamou o engenheiro ao lado e exigiu nervoso:

—Quero que a água suba muito mais!

O jovem engenheiro, professor da UFMG, especialmente contratado para a empreita, explicou que era impossível devido a "Lei da Gravitação Universal".

O ignaro e ditatorial senhor vociferou:

—Se esta Lei for Municipal revogo já, se for estadual, telefono agora ao Rondon Pacheco e se for Federal iremos ao Coronel, o Brigadeiro do Ar, o Almirante de Esquadra e quiçá, o General do Exército no Palácio do Planalto.

Isaac Newton deve ter revirado na cova.

Fonte Luminosa em Poços de Caldas, Minas Gerais

Segundo:

Na província comandavam poucos senhores, o Padre, o Prefeito, o Delegado, o Juiz, o Coletor e o Gerente do Banco do Brasil, com a chegada da ditadura militar, o sargento do Tiro de Guerra, passou a fazer parte da seleta "Trupe".

Os funcionários do Banco do Brasil, quase sempre vinham de outras cidades, considerados "bons partidos", na sua quase totalidade os jovens bancários contraiam núpcias com as senhorinhas virgens do lugar.

Em uma ensolarada manhã de segunda-feira a agência lotada com seus cafeicultores, produtores de leite, pecuaristas e toda a elite rural, além dos comerciantes, doutores e os coronéis.

Uma senhora de meia idade, com um vestido multicolorido, sombrinha de renda para se proteger do Sol, um batom rubro na boca, pó de arroz nas maças da face, adentrou a agência, dirigindo-se a primeira mesa, ocupada por uma bela morena, cor de jambo, dois olhos de jabuticabas e um cabelo negro como os trens correndo nas noites escuras, transferida do Norte de Minas e a senhora, indagando:

—Aqui que é o Banco do Brasilis?

—Sim —respondeu amável, a funcionária.

—Moça, quero falar com o "seu" Haroldo (fictício), o funcionário que prestava seus serviços como "Caixa" era bem-casado com donzela de fino trato e destaque nos acontecimentos sociais, filha de abastado "Coronel do Café", afeita aos quitutes, chás e cafés, em seus rega bofes, na companhia das senhoritas e senhoras ricas do ócio.

A senhora sempre falando muito alto fez com que o funcionário se jogasse imediatamente ao chão, ficando em posição fetal no fundo do mobiliário.

A bela atendente que veio de Governador Valadares, sob os olhares atônitos dos funcionários e clientes, alguns deles balançando os dedos em negativas para a assustada funcionária que assim respondeu à senhora.

—O senhor Haroldo viajou, está de férias e licença prêmio, vai demorar muito a retornar. Como posso ajudá-la?

—Com aquela voz de locutor de rodeios, ou dos vendedores de pamonha em seus alto-falantes, no último volume, fez as paredes seculares da instituição financeira inaugurada pelas mãos de Dom. João Sexto, tremerem.

—Eu vim buscar com ele o dinheiro que ele "durmiu" com a "Das Dores" e não pagou.

A sociedade e o Banco do Brasil nunca mais se curaram na região.

Olhos verdes não mentem jamais

Os olhos verdes não mentem jamais, apenas acumulam mistérios e segredos enigmáticos, escondidos e insondáveis. São como as turmalinas escondidas séculos após séculos, nos mais profundos e inatingíveis solos das minhas Minas Gerais.

O verde quando você olha pensativo e absorto pela janela de um ônibus, em uma viagem sem motivos e sem planejar, apenas pelo prazer de olhar as paisagens, o que vês em todas as vastidões são as cores verdes, em todas as suas tonalidades.

Instantes do genial compositor baiano Caetano Veloso, mestre para o qual peço licença poética: "de repente me lembro do verde. A cor verde. A mais verde que existe. A cor mais alegre. A cor mais triste. O verde que vestes. O verde que vestistes. No dia em que te vi, no dia em que me viste". Foi um verde assim que levou meu coração.

Hoje, nas minhas noites intermináveis, sob o absoluto silêncio, me lembro dos olhares verdes apertadinhos sob uma sobrancelha em curvas, protegidos pelos cabelos únicos, longos em mechas, de uma cor inexplicável, deixando levemente transparecer um pescoço majestoso de Cisne Imperial. Sempre soube que a silhueta de raro esplendor, não seria eterna, como Madri que tanto amo, não foi. Uma

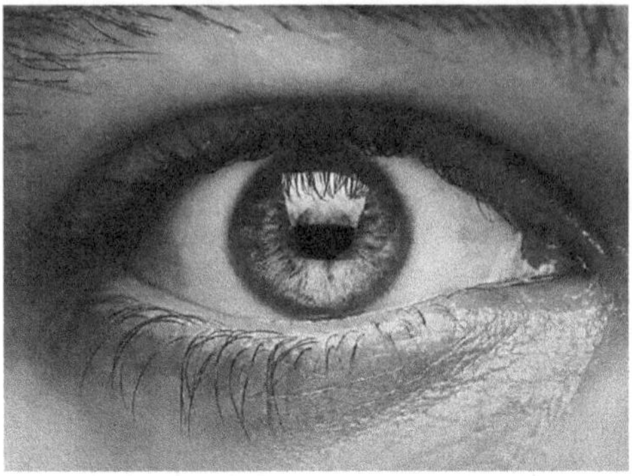

maravilhosa cidade da Península Ibérica, com um nome predominantemente feminino, de origem árabe que significa "Ás Correntes", junto com os olhos verdes também desapareceu e novamente peço licença poética ao Vate Recifense, em seus versos: "assim dos lábios a vida corre deixando um acre sabor na boca, este não passa".

No trem para Barcelona a encontrei em seu charme deselegante, ela deslizou pelo vagão e sequer deu bom dia. Sua rudeza contrastava com seu caminhar faceiro e tímido de moça do interior, misto de presença e silêncio, quase uma arrogância displicente. Ela retirou da bolsa uma caneta, desviava o olhar dos meus, mirando o teto, pensava e escrevia, fazia anotações com aquelas mãos de fada, unhas perfeitas em um desenho arquitetônico, culminando em um esmalte discreto.

Passaram-se anos e até hoje a sinto em meus sonhos e saudades, acariciando meu rosto e meus cabelos, seu sorriso divino, sua distância presente, seu cheiro que desafia o mais importante e destacado perfumista do mundo, o mais raro e sensível perfume já descoberto pelas mãos do homem. Apenas com os olhos verdes dizia o que todos os homens tentavam adivinhar e sonhavam ouvir. Um enigma de mulher em sua plenitude de fêmea.

Anos depois fiquei sabendo que ela estava residindo em Ribeirão Preto, relutei, pensei e arrisquei um número, disquei com as mãos trêmulas, ao ouvir o sinal da chamada terminando em um "Alô", depositei o aparelho no gancho, como tão bem descreveu este momento de medo e incerteza, nosso Maestro Soberano, Antônio Carlos Brasileiro de Almeida Jobim, abri um vinho e fiquei ouvindo "Lígia".

A gente se amou loucamente por três dias em um romântico e bucólico hotel no Centro de Barcelona. Entre beijos apaixonados, sorvidos em lábios de vinho, nos separamos. Hoje quando ouço Chico Buarque: "Se nós amamos como dois pagãos teus seios ainda estão nas minhas mãos, diz com que cara eu vou sair...". Nunca soube o seu nome, apenas a conheci e a chamava de "Olhos Verdes".

Elefantes em insólitos destaques

Minas sempre foi baluarte e especialista na arte de palestrar, dialogar e parlamentar, além da forte habilidade, vocação e tentação para o colóquio, e as conversas ao pé do ouvido.

Produziu talentos mil nestas áreas, como ainda espero ter aprendido com o brilhante escritor Fernando Sabino: *"Mineiro não dá nome aos bois, nem mesmo em Uberaba"*, procuro não mais citar nomes de uns, esquecendo o nome de outros. Diante do exposto, elenco apenas um como representante máximo da mineiridade: o Dr. Tancredo de Almeida Neves, que enrolava a ponta da gravata, apertava os olhos, inclinava a cabeça no ombro do interlocutor e sussurrava opiniões, comentários e articulações.

Entre crenças, tradições, ditos, verdades e supostas verdades, frases foram sendo cunhadas sobre a peculiar maneira e o "modus vivendi", dos senhores moradores da "Província de Vila Rica do Pilar" que, entre matreirices e soslaios, destaco alguns: *"Não laça boi com embira"*, *"não dá rasteira no vento"*, *"não pisa no escuro"*, *"não anda no molhado"*, *"só acredita na fumaça quando vê o fogo"*, *"só arrisca quando tem certeza"*, *"não briga mas não faz a pazes"*, *"enquanto descansa carrega pedras"*, *"de bucho cheio"*, *"de meia tigela"*, *"vá para o quinto dos infernos"*, *"uai sô"*, *"deu com os burros n'água"*, *"lavar a égua"*, *"nem tudo que reluz é ouro"*, *"quem canta seus males espanta"*, *"o que os olhos não veem o coração não sente"*, *"É! Eles dizem que é verdade, eles dizem que foi desse jeitinho"*.

Nunca em tempo algum, qualquer mortal conseguiu decifrar quem, e principalmente o que, pelas "barbas do profeta" deve significar *"eles"*.

Estes ditos e expressões caem na boca do povo, geração após geração, contados e comentados sob o querosene da lamparina, no iluminar da vela, na amarela e fraca luz elétrica, ao lado do fogão a lenha, juntinho das cadeiras nas calçadas ao entardecer e nas rodas de café regado com broas de fubá.

Sempre permaneceram encobertos pelo manto da surpresa, guardados e resguardados por um indiscutível e incontestável álibi: *"eles"*.

Expressam-se os Doutores: *"Data máxima vênia, eles dizem"*, o matuto: *"É eles dizem, né"*, *"Puis é seu moço, eles fala que é"*.

E tempos após tempos, toda a eternidade ungida e sacramentada, presença ou ausência com que *"eles"* guardam e garantem os acontecimentos.

Sem mais delongas, vamos ao episódio que já nem sei mais como fiquei sabendo, provavelmente foram *"eles"* que me sopraram:

Dois matutos mineiros encontravam-se como sempre agachados, em um finalzinho de tarde, tendo os calcanhares das botinas como bancos, mastigando um raminho, pitando um palheiro, mirando as montanhas e contemplando a imensa solidão do crepúsculo, envoltos em pensamentos e divagações, fazendo jus à letra do Adoniram Barbosa; *"conversando coisas que nóis não entende nada"*.

Eis que em um lampejo passa um elefante voando.

Um deles balança a cabeça, coça a barba rala, olha para o nada e exclama:

—Puis é, cumpadi!

Minutos depois, dois elefantes voando e o outro complementa:

—É, né cumpadi.

Mais alguns minutos e cinco elefantes executam um voo rasante sobre suas cabeças, os dois olham de "banda", fazem um gesto de desprezo com os olhos e se voltam para os seus mistérios e segredos.

Por fim, uma manada de elefantes passa voando, fazendo um ensurdecedor barulho, que cá com meus botões penso eu, de uma revoada desse porte.

Um deles olha para o além, apaga o palheiro na unha do dedo polegar, deposita-o no cinzeiro atrás da orelha e dispara:

—É, cumpadi, o ninho deles deve ser aqui perto.

Um mineiro no centro da "cidade maravilhosa"

Tive o privilégio e a gratidão de ter sido convidado pelo Governo Federal do Presidente Luiz Inácio Lula da Silva, no ano de 2004, para compor a equipe de um programa que parecia ter saltado da mais profunda necessidade e com fins imprescindíveis, denominado "Fome de Livro". O programa tinha como meta levar a leitura e o livro a todos os municípios e aos mais distantes rincões.

Pesquisados e levantados os dados do IBGE, constatou-se que 85% dos municípios com até 30 mil habitantes não possuíam nenhuma Biblioteca e aqueles abaixo desse número sequer tinham uma simples revista.

Registro aqui o sucesso do programa, sob a batuta do Galeno Amorim, Ministro Cristovam Buarque (MEC), Gilberto Gil (MINC), Governo Federal, patrocinadores e apoiadores. O programa zerou e instituiu bibliotecas em todos os municípios até o final do segundo mandato do Presidente Lula.

Chegando ao Rio para exercer o cargo de Gerente Nacional e Captação de Recursos do fantástico programa, fui trabalhar no 11º andar do "Edifício Gustavo Capanema". Essa obra das mãos geniais do arquiteto Oscar Niemeyer homenageia o eterno Ministro da Educação. Localizado na

rua da Imprensa, Centro do Rio, o "Palácio Capanema" foi originalmente projetado pelos arquitetos Lúcio Costa, Affonso Eduardo Reidy, Carlos Leão, Ernany de Vasconcelos, Jorge Machado e Oscar Niemeyer, com a consultoria do arquiteto franco-suíço Le Corbusier.

O complexo "Edifício Gustavo Capanema" também é formado pelos jardins de Burle Marx, uma galeria com obras de Portinari e a Biblioteca "Mário de Andrade". Vale lembrar que o Chefe de Gabinete do Ministro Gustavo Capanema era ninguém menos que o poeta mineiro Carlos Drummond de Andrade.

Bem, vamos aos passos, caminhos e peregrinações de um mineiro no Centro do Rio. Gostava de perambular pelo Centro no meu período de almoço, que consistia em um

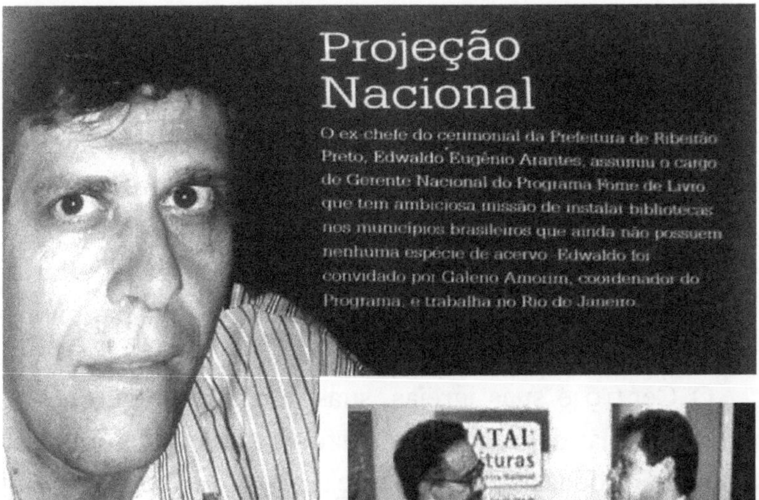

Projeção Nacional

O ex-chefe do cerimonial da Prefeitura de Ribeirão Preto, Edwaldo Eugênio Arantes, assumiu o cargo de Gerente Nacional do Programa Fome de Livro que tem ambiciosa missão de instalar bibliotecas nos municípios brasileiros que ainda não possuem nenhuma espécie de acervo. Edwaldo foi convidado por Galeno Amorim, coordenador do Programa, e trabalha no Rio de Janeiro.

Na página anterior, Edifício Gustavo Capanema – Centro do Rio de Janeiro. Acima, um mineiro no Rio e, ao lado, com o Presidente da Fundação Biblioteca Nacional, Prof. Dr. Muniz Sodré

sanduíche de pernil adquirido cotidianamente em uma lanchonete da rua México. Eu absorvia pelas ruas, atônito, perplexo e impressionado com cada cena e lugar. Meus olhos pareciam o olhar das crianças ao acordar nas manhãs do dia 25 de dezembro.

Eu caminhava, caminhava e caminhava, percorrendo vielas, ruelas, travessas, becos, atalhos, trilhos e veredas. Tinha a nítida impressão de ouvir os cascos nas pedras e uma carruagem surgindo, resgatando e emoldurando a história.

O Centro e suas marcas seculares que todos os dias eu visitava: Cinelândia, Largo da Carioca, Theatro Municipal, Câmara, Estação dos bondes para Santa Tereza, Biblioteca Nacional, Arco do Teles, Feira do Lavradio, rua da Alfândega, do Ouvidor, Gonçalves Dias, SAARA, Confeitaria Colombo, Real Gabinete Português de Leitura, Mosteiro, Sala Cecília Meirelles, ABL, Circo Voador, Arcos da Lapa, Porto Maravilha, Terminal das Barcas, Praça XV e mais, muito mais que a vista procura e se maravilha.

O Centro e suas igrejas, suas áureas e enigmas, seu manto secular de fé, convicção e forte tradição ecumênica, abraçando todas as crenças. Igreja Nossa Senhora da Candelária e seu Monumento triste e presente, aos mortos da abominável "Chacina da Candelária". Catedral Metropolitana de São Sebastião, Igreja de Santo Antônio dos Pobres, Igreja de Santa Luzia, Igreja de Nossa Senhora do Parto, Igreja de São Francisco da Penitência, Imperial Irmandade de Nossa Senhora do Rosário e São Benedito dos Homens Pretos, Mosteiro de São Bento e uma constelação de igrejas marcantes e seculares.

O Centro e sua boêmia: Casa Paladino, Beco do Rato, Bar Luiz, Clube dos Democráticos, Carioca da Gema, Casa Villarino, Estudantina Musical, Amarelino, Cine Odeon, Verdinho na Cinelândia, Antonio's, Belmont, Bar do Gouveia, apelidado de Whiskeria Escritório do Pixinguinha e demais lugares e caminhos de Baco, principalmente a Lapa.

Retornei ao meu ofício no Rio, motivo da minha estadia na "Cidade Maravilhosa", na nossa busca de resgatar a cidadania, combatendo a miséria da desigualdade, do analfabetismo, principalmente do impedimento dos mais humildes ao conhecimento.

Poucas ações podem ser tão especiais e divinas como colocar um livro no colo de uma criança, que pode navegar, descobrir e aprender, sem sair do lugar.

O tão sonhado programa "Fome de Livro" pode transformar a vida de todos, matando a fome do saber, iluminando as trevas da ignorância, onde o preço a ser pago pode ser nossa total e verdadeira independência.

Maria de Minas

Minha mãe, Maria, foi uma das mulheres mais avançadas do seu tempo. Nascida em 1920, exerceu o magistério com vocação, glória e júbilo por quase 60 anos.

Ainda muito nova se viu sozinha com três crianças para criar, foi em frente na vida com força, coragem e fé.

Sempre deixou claro e em alto e bom som suas convicções e posições firmes contra todo o tipo de preconceitos. Exerceu uma luta diária, contra a opressão e o autoritarismo, vivendo em uma época em que a mulher era considerada “cidadão de segunda classe” (pasmem, no masculino mesmo), pois só existia o direito do homem, vigorando ditos como: “O homem é a cabeça do casal”, “a cama é o descanso do guerreiro” e outras citações grotescas e absurdas. Graças aos Céus que na nossa casa ela era mãe e pai, mulher da casa e homem da casa.

Nossa mãe foi uma verdadeira guerreira e efetivamente uma mulher que deixou profundas marcas., participou de inúmeras batalhas, umas venceu, outras perdeu, até medo sentiu, porém, abandonar o “front”, jamais abandonou.

Existem cenas inesquecíveis do nosso duro convívio, lotado de aprendizagens, experiência e um companheirismo ímpar. Com toda a certeza o que muito nos marcou foi

Maria Aparecida Arantes (Professora Maricada) e os filhos Edwaldo Eugênio Arantes e Evaldo Marçal Arantes e formatura de Edwaldo no Ensino Médio.

seu amor aos livros, fazendo deles nossos mais importantes presentes e tudo seguia um eterno ritual:

O Representante Comercial, batia à nossa porta, entrava e abri o mostruário, dele saltavam folhetos coloridos, com ilustrações e explicações: Fábulas de La Fontaine, Contos de Grimm, Sítio do Picapau Amarelo, Christian Andersen, O Meu Pé de Laranja Lima, Ziraldo, Antoine de Saint-Exupéry e muitos outros.

Ficávamos os três sentados no chão, folheando os doces segredos, sonhando cavaleiros, torres, sacis e dragões.

Minha mãe escolhia e assinava um estranho papel amarelo, que o homem guardava com todo o cuidado na pasta, retornando trinta dias depois com o papel na mão junto com a nossa tão sonhada e esperada arca dos sonhos.

Anos depois descobri que aquele papel mágico que fazia aparecer livros, era na realidade um compromisso de pagamento.

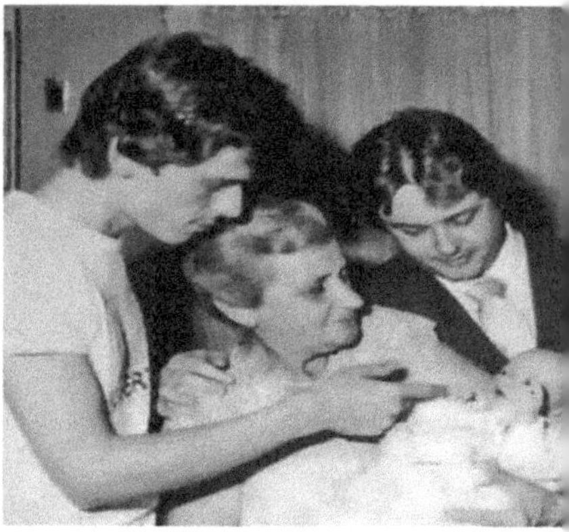

Geraldo Noel Arantes, D. Maricada e Edwaldo Arantes e D. Maricada com os filhos e a primeira neta, Érica, filha de Ewaldo Marçal Arantes e Solange Alves Ferreira Arantes

Vez ou outra meus pensamentos visitam o passado, transbordando meu coração de orgulho e agradecimento, não sem também uma ponta de melancolia e um quase remorso, tentando decifrar como minha mãe, sozinha, com tantas obrigações, tamanha labuta e míseros vencimentos conseguia "honrar" com o resgate daquelas promissórias, que foram muitas pela nossa história.

Nossa mãe com todo o merecimento fez jus ao seu nome, participando da justa e pontual homenagem prestada por Fernando Brant e Milton Nascimento às mulheres e Marias de Minas e do mundo.

"Maria, Maria é um dom, uma certa magia! Mistura a dor e a alegria. Mas é preciso ter manha, é preciso ter graça, é preciso ter sonho sempre. Quem traz na pele esta marca possui a estranha mania de ter fé na vida...

Mas é preciso ter força, é preciso ter raça, é preciso ter gana sempre. Quem traz no corpo a marca Maria, Maria, mistura a dor e a alegria..."

Bem! Falaria da minha mãe anos a fio, toda uma eternidade e ainda seria pouco. Apenas com simplicidade e honra, vou apenas destacar:

Maria Aparecida Arantes, "Professora Maricada", Maria de Minas, Brasil.

Uma procura e um encontro pelo passado

Certa feita, como nas fábulas, um moço velho, depois de muitas experiências, sonhos, frustrações, vitórias e derrotas, resolve percorrer seu passado e sua terra natal.

Suas terras são pontilhadas de serras, morros, montes e montanhas que mais parecem a silhueta e os contornos de uma mulher nua delicadamente deitada de bruços. Suas terras também possuem doces riachos e caudalosos rios, pinguelas e pontes, habitadas por gente solidária e religiosa, que ainda descerra em suas janelas lençóis e colchas referenciando a procissão que passa.

Desponta e encarna uma forte tradição em hospitalidade, solidariedade, gentileza, atenção, cordialidade, polidez, fineza, meiguice e acolhimento. Possui música, muita música, desde a barroca, o clássico, o romantismo, o moderno e o contemporâneo, até as bandas culminando com o Clube da Esquina e os grandes compositores e instrumentistas.

Acorda no canto do galo e no mugir do gado, adormece no último trinado do Canário da Terra, no canto melancólico do Sabiá Laranjeira, no perfume do Manacá-de-Cheiro, das Damas da Noite e na voz triste do sino repicando ao crepúsculo.

O moço velho, na realidade, busca algo que não sabe e muito menos entende, acredita sem certeza que seja o seu passado de menino com as barras das calças do pijama arrastando pelo chão ou encostado na soleira da porta, maravilhado com as notas que saltam de um saxofone, brotadas pelo sopro de um senhor que o olha com carinho por cima dos óculos, obtendo sons que se juntam, se unem, se tocam, se acasalam, formando o mistério inexplicável e milenar a que chamamos música.

Não sabe se busca os primeiros bailes, os rostos colados ou as matinês, onde ao apagar das luzes, sentar perto, pegar na mão, o coração batendo, o primeiro beijo seria tempos depois, nos minutos finais para terminar a película, sair sorrateiramente tal qual o furtivo amante antes do dia clarear.

Nestas buscas e nestes caminhos, visita igrejas, museus, vielas, casarões, pousadas, hotéis, fazendas, esquinas e quintais, na procura infinda que apenas o estimula a seguir em frente, apesar do ofegante cansaço de andarilho.

Em uma tarde fria, sem qualquer pretensão, programação ou vontade, distraidamente adentra um antigo armazém, estes com cheiro de eternidade, linguiças penduradas, banha, fumo, palha, querosene, lamparinas, panelas, especiarias, miudezas, bebidas, um balcão longo de madeira, uma leve penumbra, uma calmaria como se tivesse ali o tempo parado, nenhuma badalada do relógio há tempos parado, um silêncio, uma quietude e um aconchego.

O moço dirigiu-se ao balcão, pedindo uma cerveja, ouviu uma palavra emanada de uma voz jamais sonhada, jamais vista e sentida, virou-se ficando maravilhado e embevecido com a imagem que salta aos seus olhos.

Sentada em absoluta contemplação, talvez nascida do imaginário de Michelangelo, um olhar penetrante e inebriante, olhos claros verdes da cor dos mares revoltos, ancorados pelas sobrancelhas cor de mel, desenhadas em curvas, em traços geométricos, talvez pelo pincel de Rembrandt. A boca perfeita com seu meio sorriso sério escondendo os incontáveis segredos que nos fazem calar.

Formando aquele conjunto surgem os cabelos ruivos da cor das labaredas nas fogueiras de São João e do ouro nas minas da Vila Rica do Pilar, descendo pelos ombros, lembrando as águas das cachoeiras deslizando pelos penhascos, vermelhos e livres, que não cansa a vista contemplá-los.

Maravilhado e atordoado com a visão, o moço com as mãos no bolso, sem saber o que dizer, balbuciou quase em silêncio: Você é mineira?

Ao cair da noite, voltou ao local na esperança de encontrá-la, lá estava ela em sua solidão presente, sem saber o que dizer. Em um ímpeto, convidou-a para jantar. Diante do sim, caminharam sobre o ranger do chão de tábuas, escolhendo um cantinho sob a luz do lampião, a mesa forrada com uma toalha xadrez, uma velha garrafa com uma vela imitando um castiçal, duas canecas de barro, uma moringa com vinho tinto e uma cesta de vime com pães de queijo.

O jantar se deu entre sorrisos, palavras, descobertas, confidências e breves silêncios.

Na noite estrelada das montanhas, saíram caminhando lado a lado sob o manto da lua. Em um tímido e impetuoso gesto, o moço pegou na mão da moça que levemente retribuiu.

Sentaram-se no banco da pracinha, no silêncio de duas almas e corações sofridos, que não precisam de palavras para o entendimento, apenas as respirações e os corações batendo na mais completa sintonia, formando uma orquestra em uma perfeita sinfonia, os mais brilhantes músicos, acompanhados por um coro de anjos e os aplausos dos santos, sob a batuta invisível de um maestro maior.

Num gesto sensível e terno, ela pousou a cabeça nos ombros dele. Seus cabelos agora desciam em cachoeira, seus rostos colados, o remanso e a calmaria sobre dois seres ungidos pelo encontro, momentos da paz absoluta, da entrega total, da confiança mútua e da pureza de sentimentos. Um instante feito de magia, onde nada existe e nem importa o hoje ou o amanhã, apenas a certeza que a procura começava a chegar ao fim.

Os dois, então, descobrem juntos que, na realidade, a busca estava presente em todos os lugares: nas pétalas das rosas, nos campos floridos, na taça com vinho, na fonte que canta, no riacho que lamenta, nas folhas que farfalham, no entardecer e no alvorecer, no canto dos pássaros, nas notas dos instrumentos, no sorriso das crianças, na sabedoria dos velhos, na grandeza do mar, na força das palavras, nos segredos das mulheres, nos mistérios dos homens, no silêncio das catedrais vazias, no incessante e árduo trabalho, na terra, na lua, no Sol, nas estrelas e constelações.

Na realidade, a busca do moço e da moça era apenas para decifrarem uma palavra formada por apenas quatro letras, palavra esta que seria regada, desenhada todos os dias em letras de sonhos, com caligrafia de dois corações a quatro mãos, no caderno do tempo, na folha da esperança, com a capa do destino, no livro eterno, com o título: *Amor.*

Em um tempo que era assim

Em um tempo que era assim com muitos "São Pedros" na "cacunda", como se dizia lá nas minhas terras, protegidas pelas montanhas e serras. Com trilhas e curvas sinuosas tal qual uma prancheta desenhada pelos traços poéticos do gênio de Oscar Niemayer.

Do alto dos meus bem mais de meio século de existência, busco reminiscências de um passado remoto e a importância das pessoas e dos ofícios de um tempo bom.

A senhora dona Gê sempre na porta do Cine São Sebastião, recolhendo os ingressos e permitindo nossas alegrias nas matinês dos domingos. O Dr. José Spósito, médico de antigamente, onde as consultas eram longas e completas, curando todos os males, principalmente os incuráveis, portanto o Toninho coveiro pouco labutava.

A Pharmácia Sant'anna que encantava com seus vidros multicores, bálsamos, pomadas e poções manipuladas pelas mãos mágicas e divinas do Farmacêutico, Dr. José Ananias Alves Ferreira Júnior. Acreditem! Vendia sonhos, esperanças e remédios.

O Gerente do Banco do Brasil, socorrendo as finanças de todos, em especial minha mãe, às voltas com três filhos pequenos e sozinha. Não era necessário, senha, cartão ou caixa eletrônico, que sequer imaginavam. Era importante e imprescindível apenas "existir".

As portas sempre abertas imagino minha mãe adentrando um Banco hoje, sob o som estridente do alarme e um segurança com o olhar de poucos amigos, já indagando impaciente e rude: *A senhora carrega algum objeto de metal?* E minha mãe sábia, mineira e simpática:

—Pode ser que sim! Abrindo a bolsa retirando um molho de chaves, parcas moedas e uma relíquia de São Francisco de Assis feita de bronze que certamente também não podia passar, desconfio que hoje em dia nem na "porta giratória" do Céu, possa.

A jovem bonita, vestida de aeromoça sempre escondida, com voz suave e aveludada dizendo:

—Telefonista. Boa tarde!

—Cinco, por favor.

E um dedinho de prosa se iniciava pelo telefone preso junto a parede.

A mercearia do senhor José, lugar em que a gente chegava com uma caderneta amarelada e surrada na mão e nunca faltou arroz, feijão, carne e pão.

Hoje depende da senha e do saldo, correndo o risco de ficarmos ora sem pão, ora sem feijão e quase sempre, sem direção.

Tenho a impressão de que a saudade não está apenas ligada a um ser ou um momento qualquer. Estamos e seremos sempre dependentes da nossa história, das raízes e de todas as lembranças feitas da vida e presos a ela.

Talvez seja por isso que quando olho as fotografias dos entes queridos em um álbum familiar, sempre serenas, mais acredito na vida, na sinceridade, dignidade, honestidade, correção e integridade e no fiel compromisso do homem com a Democracia e com o seu tempo.

Uma copa do mundo de frustração e desânimo

Enganou-se muito o comandante, escalou um time de garotos talentosos, faltou a maturidade, aquele que comanda o meio de campo, que conversa com os meninos.

Em 1982, quando o Cerezo errou aquele passe, aos 25 minutos do primeiro tempo, na final contra a Itália e o Carrasco Paolo Rossi, marcaria o primeiro gol ficou abalado e chorou, Júnior correu até ele e disse do alto da sua importância e de líder:

"O jogo ainda não acabou", levante a cabeça e jogue tudo o que você sabe. O resto são fofocas, boatos e diz que me diz que deram um cala a boca nele, tipo: "Nós viemos aqui para jogar e não para chorar, mentiras.

Perdemos tudo bem, foi uma fatalidade, com aquele time o Brasil jogaria 50 vezes com a Itália e ganharia todas.

Também tivemos a infelicidade, por contusões perder Careca e Reinaldo-Rei, veio o Serginho Chulapa, que infelizmente destoava do resto. Paciência. Pois tínhamos Falcão, Zico, Sócrates, Cerezo, júnior, Oscar, Luizinho e Éder, e também o mestre Telê Santana da Silva.

Nos jogos da triste Copa, não tivemos um líder.

Me lembro tão bem, O Santos dele, Pelé, o Internacional tinha o Carpegiani, o Grêmio de Renato Gaúcho, o Cruzeiro com Piazza, o Fluminense com Carlos Alberto

Torres, o Palmeiras de Luis Pereira, o meu arque rival, Botafogo de Ribeirão Preto, o Lorico, o São Paulo com Gerson, o Vasco de Roberto Dinamite, o Corinthians de Roberto Rivelino, o Flamengo de Zico, que dava dura nos meninos, quando eles tremiam, perguntem ao escritor e ex. craque, Nando Antunes, seu irmão.

Luis Felipe Scolari pecou pela arrogância e individualismo. Lembro-me de uma entrevista sua: "Não adianta pedir, ficar falando aqui e ali, quem convoca e escala o time sou eu".

Uma bobagem, reação de ditadorzinho de "Republiqueta Bananeira".

É necessário ouvir, conversar, pesquisar, ler, estudar, talvez ações estas não afeitas, ao solitário e poderoso "Chefe".

Faltou o craque, nem o Neymar o é. Faltou aquele que joga e lidera.

Um amontoado de garotos emocionalmente abalados, como qualquer menino se lhe roubam o picolé.

Com todo respeito que nutro pelos símbolos da minha pátria, não adianta apenas ficar berrando hinos, ou aguentando o Galvão Bueno

Futebol como se sabe, é técnica, talento, mas também garra como uma guerra, requer estratégias, experiências, frieza, calma, maturidade, determinação, responsabilidade e, principalmente, humildade sem ser servil.

Em 1958, logo no começo do jogo o Brasil sofreu um gol da Suécia. Didi, o gênio da bola o "Príncipe Etíope", mostrou toda a sua calma e segurança, pegando a bola no fundo das redes e bem devagar, com ela debaixo do braço caminhou até o círculo central. Olhou para todos e disse alto: "Agora chega".

Mario Jorge Lobo Zagalo, ponta esquerda, anos depois contou: –Eu estava pronto para partir pela esquerda e desesperado gritei para ele: Vamos.! Estamos perdendo o jogo".

O príncipe, impassível como sempre, retrucou:

—Nosso time continua sendo melhor que o deles, fique tranquilo, vamos virar e ganhar o jogo.

A seleção da Alemanha é apenas um time pragmático e frio, como o são todos eles.

Se ganham, ganharam, se perdem, "o importante é competir".

Nós que nos situamos abaixo da "Linha do Equador", somos calientes, emotivos e apaixonados, precisamos então agora também dosar nossos sentimentos no futebol.

Dosar nossas emoções e comoções na vida nunca.

O coração está e deve estar acima da razão.

Agora chega! Como disse Geraldo Pedrosa de Araújo Dias, "Geraldo Vandré", ao perder um festival: "A vida não se resume em festivais". Solicitando uma licença poética ao brilhante músico e compositor, digo: "A vida não se resume a futebol".

Não posso deixar de publicar uma mensagem enviada pelo querido e eterno amigo, brilhante e talentoso jornalista, José Fernando Chiavenato:

—Edwaldo velho de guerra, permita-me discordar —e muito. O alemão, bem ao contrário do que é propagado por Hollywood é divertido, emotivo e feliz. Vive sorrindo e é muito prestativo. Assisti a dois, três jogos da Seleção em

Berlim, vi a qualidade de um povo maravilhoso. Acima de tudo, quente e vibrante. Lá com exceção do clima, não tem nada de frio. Torci para eles, embora tenha amizades fortes em Amsterdam.

Registrado, meu querido amigo. Sempre feliz por tê-lo e gozar da sua amizade, José Fernando Chiavenato.

Eu me lembro bem

Em um final de tarde destas distantes, que demoram a escurecer, se despedindo do azul do céu, substituído pelo forte laranja do Sol partindo, aguardando as estrelas salpicando as noites das Gerais.

Estava eu lá em casa absorto em meus pensamentos, suspirando minhas descobertas da adolescência, pensando e preparando nossas serenatas aos sábados, quando minha mãe, com seus passos suaves, tal qual as bailarinas nos palcos, adentrou o silêncio da sala, olhando daquele jeito só seu, terno, carinhoso, porém circunspecto, quando tinha algo a dizer muito sério, considerável e incontestável.

Pela primeira vez ouvi que a gente tinha de sair de lá para se dar bem, ser alguém e vencer na vida.

Minas foi ficando para trás, perdida no tempo e na poeira que subia pelo sacolejar da Jardineira.

Um passado tão presente desaparecendo lentamente ficando cada minuto menor.

Ao longe, pela janela empoeirada, vislumbrei as casas, o riacho, o gado, o verde e o homem de chapéu e cabeça baixa tudo desaparecendo ao longe, ficando pequenininho, meu coração também foi sumindo apertado, quase alçando a garganta seca.

Sem querer, adormeci, sonhei buzinas, escritórios, edifícios, relógios nos pulsos, gravatas, os homens e seus ternos.

"Conheci os homens e os seus velórios", meu irmão menino assustado olhava para os lados e cravava as unhas nas costas das mãos.

Nos meus devaneios me questionava, o que deve significar "vencer na vida", desprezando o que é bom, será ganhar dinheiro, ter uma casa moderna, ou simplesmente um diploma para pendurar na parede para olhar quando não se tem mais nada a fazer ou a dizer.

Cerrava os olhos e via as tardes, as meninas, a praça vazia e os sinos tocando alertando para o tempo, "Relógio no chão da praça batendo avisando a hora".

Cada badalada um sinal, a noite que não passa, tosse, arrepios, dores e minha mãe mão na testa. Está febril meu filho?

A caneca de barro com chá de flor de laranjeira, lascas de canela e mel, fervendo. Suores noturnos, pesadelos e a alegria de acordar curado, ouvindo o canto do meu canário Pixiguinha.

A primeira calça comprida, os bailes, o cigarro Continental sem filtro escondido, a paixão pela menina mais linda da classe, neta do Coronel, nunca fomos convidados aos seus aniversários no Palacete da Matriz. O futebol de rua, bola de meia e os lambaris pegos na peneira. Minha mãe, uma das grandes Marias de Minas. Uma força que nos alerta".

Hoje, finados, sorvendo um tinto seco, pensando nossos mortos, em um gesto mecânico e sem pretensão, liguei o televisor, zapeando canais. Em um deles passava um especial antigo com Milton Nascimento e o Clube da Esquina, tocando sentados em uma mesa de um bar, em Santa

Tereza. A mesa bem no limiar da porta de costas para a igreja e para a montanha quieta deitada de bruços. "Vejo uma igreja um sinal de glória".

Na hora me invadiu as imagens do meu tempo, nossa infância e mocidade. "Foi nos bailes da vida".

As meninas sentadas no muro do Sacré-Coeur. "Eu vou falar no seu ouvido, coisas que vão fazer você tremer dentro do vestido".

Minha mãe, meus irmãos, meus amigos, minhas Minas, para sempre perdidos se dissipando nas lembranças.

Bebi mais um gole de vinho, abri a estante, puxei um Bandeira, abri em uma página já amarelada e esquecida pelo tempo e lá estava escrito pelo brilho eterno do gênio de Manuel Carneiro de Souza Bandeira Filho:

"A vida como uma porção de coisas que eu não entendia bem. Terras que não sabia onde ficavam. Recife... Rua da União... A casa do meu avô... nunca pensei que ela acabasse! Tudo lá parecia impregnado de eternidade. Recife. Meu avô morto. Recife morto. Recife bom, Recife brasileiro como a casa do meu avô".

O que é morrer de sede em frente ao mar

Fazendo um registro e pedindo licença poética para o título de uma música e letra do brilhante e talentoso Djavan Caetano Viana.

Hoje, pensando sobre o nosso dia, amigos, amores, papos no boteco ao cair da tarde, esperanças, sonhos, "Os sonhos que você contou para mim" e tudo que vivemos e sentimos.

Os nossos dias na curva da vida, para sempre nas lembranças.

Penso em um país antes desolado, com seus famintos, depauperados e, descrentes habitantes.

Molambos ao léu nas esquinas e nos semáforos, indigentes deitados sobre papelões que anunciam a melhor televisão, computadores, relógios, um sensual sutiã e uma foto da cerveja saudável, parceira de sempre.

Um território que ficou para trás, até que surgiu um ser, vindo de um lugar paupérrimo, transportado em "pau de arara", resolveu tal qual um Robin Hood, um Midas, um São Francisco de Assis, um Elias ou simplesmente, um retirante, fugindo da seca, da miséria e da fome, buscando São Paulo, iniciando o labor e a luta pela justiça e igualdade.

Foram tempos e templos, onde apenas tinham voz os abastados onde grande parte dos desvalidos puderam ver o mar pela primeira vez, entrar em um avião, voar como um pássaro, estudar em uma universidade pública, sentado ao lado do algoz, tomar um sorvete, receber um salário justo, projetar uma família, fazendo jus ao "Sede férteis e multiplicai-vos!".

Hoje, dentro de um táxi, soava uma canção belíssima, o motorista foi logo abaixando o volume, e destruindo o tom, pedi para manter a música, amo o rádio e lindas canções.

Uma música com uma letra marcante, que há tempos não ouvia, uma melodia com uma voz doce e firme, que cantava um verso intrigante, antagônico e quase catastrófico: "Sabe lá, o que é morrer de sede em frente ao mar. Sabe lá...!

Pois é, a Nação caminhava a passos largos com os pés pisando em parques que antes pisavam em esgotos a céu aberto.

As crianças saltando ondas, espumas e brumas, tal qual a "amarelinha", correndo porque no final estavam os riachos claros e puros, onde nasciam vidas ávidas de sal e mel e "no espelho do córrego bailam borboletas bêbadas de sol" do Poeta Maior, Carlos Drummond de Andrade.

Em um outubro de 2018 faraós, fariseus, piratas, bucaneiros, bandidos, abutres do vil metal, da ganância, do lucro acima de tudo, envolvendo uma massa ignara, via mídias, *fake news*, redes sociais, boatos e as fofocas domésticas, disseminadas pelas madames.

Arremessaram sangue e ódio nas nascentes, nas matas, no canto do Sabiá Laranjeira, queimaram e tomaram as terras dos índios com seus garimpos e pastagens, escureceram as manhãs amareladas pelos raios dourados do verdadeiro ouro, o Sol.

E assim começou:

—Vamos aproveitar agora e passar a boiada! - pronunciou-se um aloprado, boçal e demente, ministro do meio ambiente.

Haverá um tempo que o remorso vai desaguar com uma chuva de larvas, flechas, machados e desencantos, muitos talvez, sentirão a vergonha de estarem ao lado e apoiarem tal genocídio.

Ser escudo dos fortes e poderosos é a infâmia dos fracos, lotados de ódio, sem saber o grau que a ignorância pode provocar.

Pregadores, falsos profetas, insanos pastores engravatados, vociferando mentiras e falácias, provocando as desavenças, espalhando dúvidas e rancores, enquanto lavam suas mãos fétidas em torneiras de ouro, com banhos cravejados de diamantes, surrupiados dos incautos, escondidos sob o manto de uma desculpa medíocre e mentirosa, denominada "Fé".

Não pode existir "FÉ" na destruição do justo e do bom. Não existe dogma que assalta e cresce sobre os desvalidos. Não pode haver justificativa alguma que garanta a ruína e o pesadelo dos pobres, embalados e massacrados pela dos tiranos usurpadores.

Uma sorveteria, uma praça, um busto e uma vergonha

Quando vejo a foto estampada nos jornais, me ponho a pensar no tempo. Quantas pessoas namoraram, noivaram, casaram, tiveram filhos e netos, todos continuando suas histórias pela praça e seu entorno. Quantas mãos se entrelaçaram, quantos carinhos foram trocados naqueles bancos sob o olhar silencioso do Busto em Bronze, eterno na praça.

Quantos gritos, risadas e folguedos junto às delícias da Sorveteria Shangri-Lá, o Busto percebeu e guardou em sua discrição de bronze e altivez, segredos e sussurros ouviu beijos e carícias presenciou, com um quase rubor na face impassível, sem ser notado.

Quantas crianças passeavam suas mãos no chafariz, imaginando mares, piratas, fadas, batalhas, heróis e conquistas.

Monumento hoje, vilipendiado, com suas águas tingidas com cores que não surgiram do arco-íris, seu plácido espelho ora vermelho, ora preto, ora sei lá! Tudo tão distante da calmaria, das mãos inocentes e dos sonhos da infância.

Um maremoto de insanidade, insensatez e irresponsabilidade e crime.

Ao perceber um patrimônio agredido, menosprezado e assaltado, imagino que uma imagem esculpida em pedra ou bronze, que não consegue murmurar, gemer ou gritar pela agressão, sente sua dor escondida em sua quietude.

Creio que quem grita é a história em sua dor milenar, representada pelo infantil, no jovem de hoje, no senhor de ontem e no homem de amanhã.

Saberá cobrar as risadas, as mãos grudadas dos casais, as conversas, os sorvetes, as algazarras, o barulho das águas jorrando infinitamente, tal qual as cachoeiras e riachos.

Os pássaros que matavam sua sede banhavam-se em suas águas claras, os jardins, com suas árvores, plantas e flores, docemente cuidadas com a magia que tecem o labor do dia a dia, mantendo-as intactas e vivas, hoje devem ter partido em busca de outras águas, menos turvas e mais acolhedoras.

Disse o poeta: "A praça Castro Alves é do povo como o céu é do Condor". Os ditadores tentaram arrancar as praças das coletividades, a resistência impediu e lutou bravamente para que os bustos, hermas, chafarizes, bancos, jardins, calçadas e todas as manifestações erguidas pelas mãos do homem, pelo suor que desce da fronte, e, principalmente, pelo seu trabalho.

Quando vi aquele busto, aquela herma, não importa aqui sua definição nominal ou sua estética, apenas o vejo como guardião da memória, com os olhos abertos dias e noites, sob o sol, chuva, calor, frio, estrelas e luares.

Perplexo, atônito e enraivecido, o vi coberto com um saco preto, lembrado dos carrascos escondendo seus rostos sob os capuzes negros, pois a sina abominável dos seus ofícios, os faziam perderem os semblantes debaixo do manto da vergonha, esperando seus condenados.

Olhando, aturdido e envergonhado, pus-me a pensar:" talvez aquele bronze, esculpido pelas mãos de um humano, tal qual uma Pietá, violentamente agredida anos atrás, quando um nefasto húngaro, de nome Laszlo Toth saltou uma grade da Basílica de São Pedro, Igreja em estilo Renascentista, em Roma, desferindo doze golpes usando um martelo na divina escultura de Michelangelo di Lodovico Buonarroti Simoni.

Pudessem estas imagens inanimadas manifestarem, talvez no seu silêncio de bronze e pedra ou as águas dos chafarizes, jardins, bancos e sorvetes, provavelmente diriam em uníssono: Realmente, "eles não sabem o que fazem".

Lisboa, simplesmente Lisboa

Em uma madrugada gelada, cheguei a Lisboa, vindo de Madri, rumei para um simpático hotel no bairro Chiado, emblemático, charmoso e tradicional da cidade, localizado entre o Bairro Alto a Baixa Pombalina.

Ainda inebriado pelo torpor dos vinhos sorvidos no trem, busquei um pouco de descanso, despertando decidido a flanar pela "Velha Cidade", saindo do hotel, o vi, sentado em uma mesa, bem pertinho da "Brasileira do Chiado", o Pessoa em pessoa, abafando a emoção, o cumprimentei com uma discreta deferência.

Descendo a Garret, fica localizada a livraria mais antiga do mundo, que recebeu este título em 2011, a "Bertrand" era meu sonho a conhecia em fotos, textos e filmes,

Estátua do escritor Fernando Pessoa - Lisboa.

adentrar seu espaço físico foi o segundo maior presente, logo no primeiro dia.

Passava meus dias flanando, sob o aroma dos vinhos, sardinhas, bolinhos de bacalhau, avencas, suaves azulejos, fados, chafarizes, fontes, vielas, lugarejos, toda a áurea envolta na magia de cada lugar. Os restaurantes de fado em Alfama, avenida da Liberdade, Bairro Alto, Torre de Belém, Sé, Miradouro de São Pedro de Alcântara, Padrão dos Descobrimentos, Castelo de São Jorge, o Bacalhau em Casilhas, atravessando o Tejo e os eternos Pastéis de Belém.

Imperdível e lúdico, um passeio ao longo do rio Tejo para apreciar a ponte 25 de Abril, percorria tudo, ávido e abismado. Sempre que retornava ao hotel cansado e encantado, me deparava com ele, sentado impassível, olhando o Chiado, o cumprimentava, com um olhar e um leve sinal, imediatamente correspondido.

Passei por inúmeros lugares, visitei a casa do Poeta, no bairro Campo de Ourique, a Fundação José Saramago, na Rua dos Bacalhoeiros e mais, muito mais.

Gostava de ficar sentado nos lugares que margeiam o Tejo, no último dia, meio amargurado, triste por deixar Lisboa, procurei uma mesa, pedi um tinto seco e fiquei ali, matutando, os pensamentos confusos e apertados pela partida.

A poucos metros, uma jovem sentada. Nos olhamos e ficamos naquela cena de descobrimento e deslumbre, seus olhos verdinhos, bastante fechados, que vez em quando se abriam como esmeraldas, a boca de um sorriso em curvas, os lábios talvez nascidos do pincel de Michelangelo, das visões de Leonardo da Vinci, dos versos de Drummond ou da prancheta de Niemayer.

Seus pés pequeninos, levemente cruzados cobertos por uma sandália simples e sensual, quase escondidos pela saia comprida, com desenhos, inspirados nos vitrais das catedrais, caindo sobre os ombros em movimentos sinuosos um xale colorido decorado com estampas portuguesas.

Ficamos ali, como quando de mãos dadas, um casal observa um altar, os minutos passando a admiração e a ansiedade assaltando. De repente, em um movimento gracioso

Lisboa - Portugal.

e repentino ela se levantou e sorriu, foi o momento mais marcante da minha vida, meu coração disparou e me vi menino despertando na manhã do dia 25 de dezembro, não caminhou, apenas flutuou, se afastando em direção ao Tejo.

Com os olhos marejados, terminei meu vinho, subi ao Chiado, o cumprimentei pela última vez, peguei minha mala em movimentos trôpegos e perdidos.

Na volta, sob os efeitos do encantamento, ofuscado pela lembrança, tendo decorado cada segundo, senti que por minutos de eternidade havia conhecido a formosura e o sonho, retornando para realidade nua e crua dos meus dias e da minha existência.

A professora e o filósofo

Tínhamos um amigo querido e fraterno, extremamente especial Filósofo, exercendo sua cátedra nas "Faculdades Barão de Mauá", em tempos escuros da ditadura militar, onde grandes mestres vieram para Ribeirão Preto, pois alguns foram demitidos e outros afastados das suas funções na USP, UNICAMP, UFRJ, UNESP e muitas outras, graças ao nefasto, déspota e sanguinário, "Golpe de 64".

Aglutinaram-se aqui nomes como: Edward Lopes, Silvia Carvalho, Alfredo Palermo, Maurício Tragtenberg, Otávio Ianni, Mellen Adas, Cidimar Teodoro Pais, Oswaldo Sangiorgi, Jesus Antonio Duran, Maria Aparecida Barbosa e outros talentos.que participaram ativamente o seu tempo e da luta para o resgate da nossa liberdade e Democracia.

Junto com eles encontrava-se o principal personagem do acontecimento, o Mestre Newton Belizário.

Em uma tarde o professor bateu à nossa porta, atendido pela minha mãe.

Ele era um sujeito muito cordato e gentil, beijou as mãos dela, que nunca o havia visto.

Encontrava-se como sempre, elegantemente trajado, ostentando um vasto bigode e uma calvície acentuada.

A cordial senhora da casa, professora nas Gerais, convidou-o a entrar, ele com toda pompa acomodou-se na poltrona, aguardando pelo meu irmão Noel.

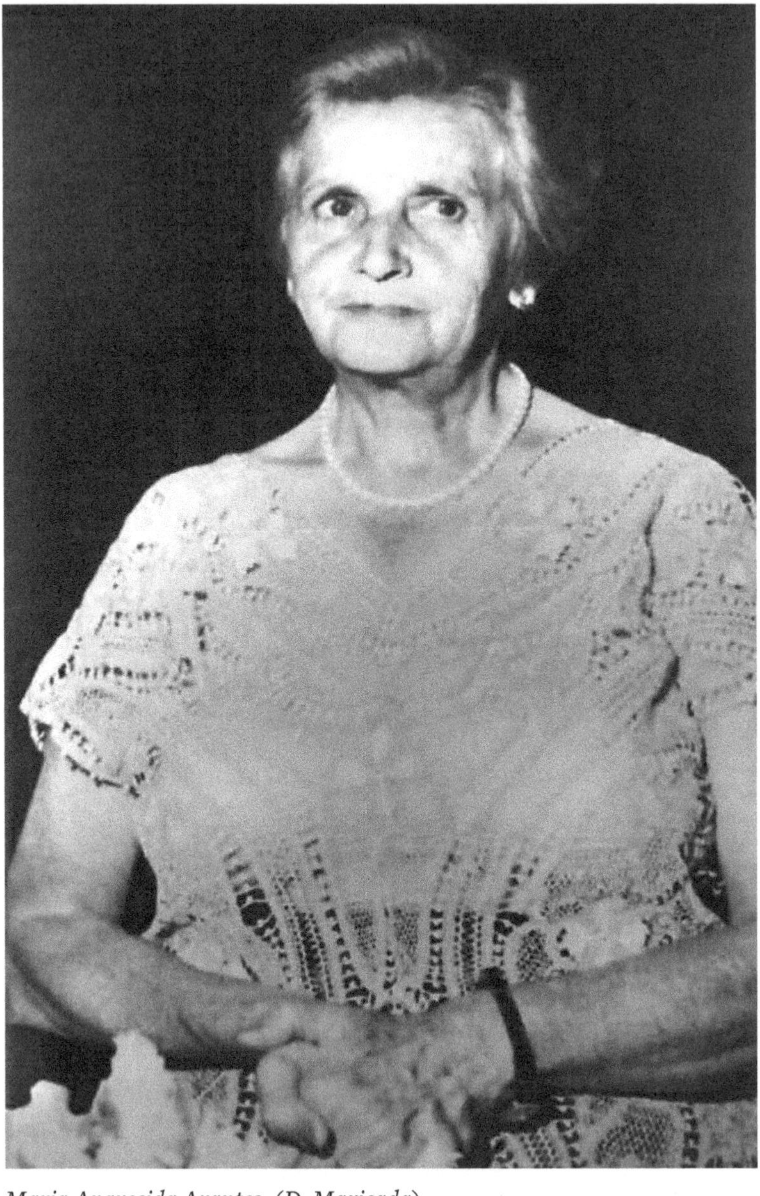

Maria Aparecida Arantes. (D. Maricada)

Depois de troca de amabilidades, palavras amenas e alguns assuntos de "esperar o trem", nosso nobre visitante solicitou um copo d'água. Prontamente atendido pela tradicional hospitalidade mineira.

Minha mãe dirigiu-se a cozinha, voltando com um copo brilhando, água cristalina, sobre um pires de metal, daqueles capazes de refletir nossa silhueta.

O filósofo agradeceu com uma mesura, levantou o copo, passou pela boca e derramou o líquido sobre a sua cabeça, depositando o copo de volta ao pires, sob a mão estendida da anfitriã.

Com a calma das montanhas e a certeza de já ter visto tantas situações pela vida "neste mundo de Deus", mineiramente indagou:

—O senhor aceita outro?

O conceituado Pensador, um quase imperceptível sinal negativo com a cabeça inclinada para frente, agradeceu.

Mamãe ofereceu então um café, voltando minutos depois, com uma xícara branca de porcelana, pequena e singela, com uma colherzinha de prata ao lado juntamente um pequeno e charmoso quitute no pires prateado, oferecendo-o ao nosso amigo.

Quando o Belizário fez menção de erguer a xícara, minha mãe prontamente advertiu:

—Meu senhor, está quente, fervendo"! Acabei de passar.

As redes sociais e o tempo da Luzia

Na minha terra e no meu tempo, existiam formas peculiares de comunicação e informação, atuando no curto, médio e longo alcance: o locutor do Rádio em seus avisos e recados, o alto-falante da quermesse.

No longo prazo, destaque para os cartões com letras bonitas de cartilha, cartas e missivas e os envelopes perfumados.

Tudo pronto subir a pé a ladeira até a agência dos Correios despertar do cochilo o sonolento funcionário, passar a goma arábica com o pincel, colocar o selo molhado pela língua, receber o carimbo redondo com tinta preta e o barulho de um baque seco.

No médio prazo, o pombo-correio, a maçã do amor, as cadeiras na calçada ao entardecer, onde as notícias chegavam a cada conviva, depois aos primos, tios, amigos e conhecidos.

No curto, curtíssimo, aliás imediato prazo tínhamos a Luzia, era só comentar com ela, não dispensando aquela velha máxima, que desconfio nasceu em Minas.

Olha lá hein! Não vá contar a ninguém.

E a Luzia olhando de soslaio, fazendo cara de surpresa e remexendo nos "trens", explica:

—Vixe, credo. Já me viu por aí com a língua solta? Minha boca é um túmulo.

Dito e feito, a notícia chegava na horinha, que aquela época faria corar os criadores dos e-mails, Zap, Twitter, Facebook, Instagram, Podcast e sei lá quantos mais virão.

O que assustava é que não chegava apenas ao interessado, bem como aos lugarejos, vielas, corrutelas ou os mais longínquos rincões.

Noticiava de tudo, Bailes de debutantes, colações de grau, Réveillons, Semanas Santas, sufrágios universais, casamentos, velórios, nascimentos, batizados, crismas e bodas de todas a joias e metais.

A sua competência era tão eficiente que a notícia chegava aos velórios, antes do defunto, surpreendia o vigário ainda de pijamas, o leiteiro sorrateiro flertando com a Dolores, a Sinhá atrás do terço e da cortina, a chaleira apitando na trempe e o lampião ainda fumegante ao amanhecer.

O seu nível de informação era tão completo que faria despencar o Google, sabia o nome de todos os enfermos, suas doenças, além dos diagnósticos, os frequentadores da "Ponte dos Amores", "alcunha da zona do meretrício, pois para chegar a ela era necessário transpor uma pinguela", sabia de cor e salteado os que possuíam "papagaios" nos Bancos com seus devidos valores e vencimentos.

A Luiza enviava a mensagem e checava o recebimento de acordo com as bocas falantes, com as reclamações ou impropérios, já estava nas chamas do fogão a lenha, altas e crepitantes, com aquela carinha de "nada sei" solerte e jovial e jamais em tempo algum deixou queimar o feijão.

Minha vida antiga sem celular, facebook, e-mail blog, repleta de sonhos, descobertas, serenatas, jabuticabas, lagos, cachoeiras e serras, tudo calmo, bom e perfeito, como meu nome escrito a giz, na lousa negra do "Gymnasio do Estado": Edwaldo Eugênio Arantes - Aprovado.

Um hotel, tantas histórias e acontecimentos

Algum tempo residi em um charmoso hotel de gente elegante, competente e hospitaleira, localizado no Centro, um complexo formado por dois: *Stream Palace Hotel* e *Black Stream Hotel*, onde fiz muitos amigos e parceiros de "copo e de cruz".

Apesar das agradáveis companhias e dos momentos inesquecíveis vividos, me sentia só aprendendo sobre a forte e profunda relação entre a solidão e a angústia.

Quantas vezes, em meu quarto, nas madrugadas infindáveis, eu ouvia o silêncio dos ruídos da noite, os pingos de uma torneira mal fechada, e o tique-taque do relógio apostando corrida com o tempo.

De quando em quando o elevador, invadindo os andares, em permanecia quietinho, sem mover um músculo, imaginando quem poderia estar dentro dele, um solitário notívago, um casal apaixonado, uma dama bonita ou uma jovem perfumada com roupas sensuais, cumprindo o seu árduo e milenar labor.

Minutos depois ouvia descendo rapidamente para com um baque estacionar no térreo, com a noite voltando ao sepulcral silêncio e seus bramidos.

A solidão é como se você estivesse em um sábado 11 horas, na rua 25 de março e em um estalar de dedos só sobrasse

Stream Palace Hotel – Ribeirão Preto (São Paulo)

você e absolutamente nenhum ser humano, apenas tudo vazio, lojas, edifícios, calçadão e barracas.

A solidão nos assalta como uma lança perfurando nosso peito, não sangra e nem assassina, apenas faz nossa alma desprender do corpo, nos deixando, ocos, vazios como cascas de cocos secos jogados nas areias das praias desertas.

A Angústia é querer segurar a água em nossas mãos fluindo entre os dedos, apanhar a fruta em um galho inacessível, ou se alguém o mandasse procurar uma agulha em um paiol, você cansado de revistar centímetro por centímetro, exausto ouve:

—Eu me enganei está no silo junto com os grãos.

Também, como tão bem definiu o genial Fernando Sabino, em "Encontro Marcado":

Mandam você encontrar uma agulha jogada no Oceano Atlântico e você mergulha, mergulha, mergulha, dias e dias em vão e ouve:

–Tente o Pacífico.

—O fundo e a angústia são almas gêmeas, e o silêncio é primo dos dois, completando uma família que nos ensina que não são apenas as vitórias e os sucessos, mas também tristes e escuras derrotas em nocautes às vezes acachapantes.

Fazer parte da tríade apenas confirma os desígnios do amanhã e a profunda luta do homem consigo e a condição da existência, escritas todos os dias em letras de dúvidas e parágrafos de incertezas.

Alguém

Alguém não é a apenas uma pessoa ou um ser especial, não é uma data, não é um encontro, expectativa, riso ou choro.

Alguém é complemento, parceria, intimidade, e, principalmente, cumplicidade.

Pode ser manhã, tarde, noite ou madrugada, pode ser, mês, dia e ano.

Alguém não possui, data, horário, dia e hora ou dogma, está onde você está, não existe distância, estrada, caminho ou trincheira.

Alguém abre uma porta, mesmo quando todas as outras se fecham, te procura quando a solidão te invade e envolve, com a nuvem da presença.

Sabe as cores, os sabores, as dores, os ardores e os odores que só você conhece.

O presenteia ao entardecer e ao alvorecer, mesmo sem possuir um único presente.

Sempre caminha ao seu lado tendo os seus pensamentos e devolvendo em silêncio a calmaria que brota de você, apenas tocando levemente no seu braço, em um gesto de presença e apoio, sentindo o franzir da sua testa ao mais leve aborrecimento ou a sombra de uma ruga que surge demonstrando o acúmulo de imensas jornadas.

Alguém ri das suas piadas, mesmo daquelas de fazer de corar de vergonha e arrependimento ante o meio sorriso amarelo e decepcionado do ouvinte.

Alguém consegue durante anos e anos a fio ainda reclamar das manias eternas e péssimas em algumas situações, gerando uma lista infindável, de situações e momentos que procuramos em vão entender as quais elencamos abaixo:

Depositar a toalha molhada sobre a cama, não fechar a tampa do creme dental, deixar o CD fora da capa, estacionar o carro fora da calçada, deixar as luzes da casa inteira acessas durante o dia, com um sol de "rachar mamonas".

Tais as ações e situações ocorrem dos dois lados: Ver velhos filmes do faroeste americano com volume do televisor nas alturas, detestar entrar no mar e preferir ficar na areia consumindo latinhas, de acordar sempre cantando com um humor de sábado de Carnaval, embora seja uma "braba Quarta-Feira de Cinzas", acordar de madrugada, apertar as mãos e indagar:

Você está dormindo?

Deixar para comprar as passagens na última hora, ficando uma eternidade na rodoviária esperando um possível próximo ônibus, colocar todas as compras na geladeira e esquecer das suas latinhas, arrumar a mala centímetro por centímetro, sem conseguir caber nem um palito conseguir fechá-la e ouvir "*esqueci o vestido vermelho, não posso viajar sem ele!*", ou "*sabe aquela roupa tal? Decidi ir com ela*". Justamente a primeira colocada na mala. Comprar todos os ingredientes para o *spaghetti* à frutos do mar, e na hora de servir, ter esquecido o queijo parmesão ralado.

Ficar esperando na esquina, ao meio-dia e ouvir pelo celular:

—Já estou chegando, quase na esquina!

E na realidade, estar a quilômetros de distância.

Alguém vive ao seu lado infinidades de experimentos vontades e realizações, envolve o sentimento, o querer, o perceber. Um conjunto de regras, toques, sentidos, emoções e afinidades, que chamamos existência.

O eterno confronto do convergir e divergir. A incessante busca do compartilhar. A palavra presume o exercício de existir, de viver: ofício penoso com suas dificuldades e enigmas.

Alguém não é tudo e nada. Existe apenas, e tão somente, como um reflexo que lança seus raios no espelho de nós mesmos, batendo, rebatendo e refletindo a imagem de alguém lado a lado com alguém.

Palace Stream Hotel, janeiro de 2012, 3 horas da madrugada.

Estórias, potocas e lorotas

José Torres Carvalhaes, o Zequinha, foi um dos mais matreiros do nosso tempo, um verdadeiro Matuto mineiro, fomos muito amigos, depois a vida, quase sempre, cada um para o seu lado e para os seus designíos.

Anos depois, já na maturidade, nos encontramos passando a tarde inteira trocando "dedinhos de prosa".

Entre cervejas, linguicinhas, pães de queijo e conversas de "esperar o trem", Zequinha contou-me dois bons "causos".

Um desconhecido Prefeito de uma cidadezinha, nos cafundós, bem perto de onde "Judas perdeu as botas", resolveu presentear seu povo com uma praça e jardim novos.

O Prefeito que nunca havia deixado seu torrão natal, precisou realizar uma viagem até Batatais, no Estado de São Paulo, cidade essa famosa pelos seus jardins e suas touceiras cortadas em formas de animais: camelos, girafas, avestruzes, elefantes, cabras, coelhos e toda a fauna.

O Alcaide, terminada a pendenga no Fórum, foi visitar a cidade e principalmente os jardins e suas formas e todo o bioma Batataense.

O Burgomestre deslumbrado, cada vez mais maravilhado, esfregando as mãos, já pensando nas obras dos seus jardins, elogiava tudo e todos.

Chegando a hora do retorno, entre apertos de mãos, fotos e sorrisos, comentou eufórico com o colega:

Sabe, estou construindo uma nova praça e preciso que me ajude.

Será que dá para você me fornecer umas "sementinhas" da Girafa, do camelo e também se for possível, do elefante e se tiver, leões, tigres e ursos levo na hora.

Proveito para uma singela homenagem ao querido Zequinha e um caso em que ele foi personagem tendo o caso tendo sido me relatado pelo José Antonio de Campos, chofer de praça, que à época dos acontecimentos, guiava carroças e atendia pelo nome de Zé Carreto.

Hora do almoço nas Minas Gerais, onze horas, tudo parado e vazio, céu azul de brigadeiro, aquela modorra mineira, nas ruas apenas as sombras das árvores, somente ao longe um cão sarnento passa errante.

O Zequinha quietinho, encostado ao balcão do único bar, mistura de armazém aberto, pois servia "quentinhas" e o Zeca tomando um golezinho para abrir o apetite.

Surgem dois funcionários do Banco do Brasil, recém-chegados da cidade grande, resolvem também tomar um gole, para as matulas da dona Eponina.

Um deles, o mais jovem e inexperiente, que atendia o Zequinha na casa financeira, alcança o Zeca no cantinho, indagando:

—Você gosta muito de trem?

—E o Zeca olhando sem levantar os olhos, responde.

—Vixe! Demais "seu" moço.

E o rapaz arrisca:

—Zequinha, quando você está na estação, gosta quando o trem entra ou quando ele sai?

E o Zeca, com muitos anos de "matreirices e montanas", tira o palito do canto da boca e responde:

—Eu gosto quando o trem enguiça.

E o novato bancário, perdeu a voz e o apetite naquele dia.

O motorista, o pintor e o painel

Era o ano de 1981, o Brasil ainda sob o manto da nefasta, deposta e sanguinária, ditadura militar, trabalhava no UNIBANCO AS, antigo Banco Moreira Salles, já participando da luta pela volta da democracia e queda da tirania, já sindicalizado, sob os olhares difíceis e desconfiados dos meus colegas e da gerência do Banco, com o tempo levei muitos funcionários para o sindicato e para a luta.

Engraçado que na minha infância em Minas foi cunhado um dito que fez muito sucesso e enchia o peito dos mineiros, orgulhos dele.

"Nós" vendemos queijos e possuímos Bancos", meia verdade, realmente grande parte deles eram mineiros: Banco da Lavoura, Banco Nacional, Banco de Crédito Real, Banco Real, Banco Moreira Salles o próprio Bemge - Banco do Estado de Minas Gerais.

Penso eu que um ditado bem fora de moda, principalmente no mundo de hoje, ao sabor das intempéries e dos ardis do tal "Mercado", que comanda os mundos, com seus juros, fazendo com que a desconfiança mineira, voltasse a guardar seus proventos e o rico dinheirinho em um lugar verdadeiramente seguro, debaixo dos colchões.

Não consigo nem imaginar o motivo enveredei-me por este tortuoso caminho regado com base monetária, spread,

compulsório, renda fixa, variável, compulsório, carteira de ativos, ações, alíquotas e o resto, levando o mundo a penúria e ruína.

A estória que pretendo contar não possui a mínima supremacia ou relação com os nuances, segredos, artimanhas e os mistérios do sistema financeiro, a não ser com o exercício do meu labor no estabelecimento.

Em uma das minhas férias, me dirigi ao ateliê e residência do Paulo Camargo, exímio, brilhante e talentoso pintor, com obras em todo Estado e pais, suas obras enchiam de emoção as pessoas e seus olhares, Paulo Camargo, um sujeito despojado, homem do povo, comprometido com a resistência e a defesa dos oprimidos e desvalidos.

Foi marcada uma exposição e vernissage pela Prefeitura Municipal, que colocou veículos à disposição para o transporte das obras, que o Paulinho exigia cuidar pessoalmente.

Pintor Paulo Moreira Camargo

Dentre as obras, um painel imenso, feito a pedido de uma igreja em Rio Claro, que necessitava um caminha grande, tipo aqueles Mercedes antigos.

Acompanhei o Paulo para levar as obras, principalmente o painel.

Chegando o caminhão, o painel foi colocado, preenchendo toda a carroceria.

O nosso querido pintor estava com uma calça surrada jeans, bastante marcada de tintas, fomos na boleia, onde aconteceu um fato hilário, cerne e razão da história.

O Motorista puxou conversa elogiando a obra: que coisa linda, estou sem saber o que falar com o tamanho, nunca tive oportunidade de conhecer.

—Quem fez isto?

E o Camargo simples e tranquilo, fui eu.

O Motorista caiu na risada e nos chamou de gozadores, teve que estacionar o caminhão, não parando de gracejos e risadas.

Bom! Chegamos à "Casa da Cultura Juscelino Kubitschek" em um rico complexo patrimonial, idealizado pelo arquiteto, Jaime Zeiger, que dá nome ao destacado "Teatro de Arena", uma das joias do lugar.

Foi como sempre um sucesso, apesar do Paulo detestar.

O motorista até hoje está às gargalhadas.

Questão de educação, elegância e fidalguia

O "Lanches Árabe" era um bar realmente feito para a noite, embora ficasse aberto também o dia todo, começando suas atividades lá pelas 22 horas, como era eu um homem do dia, "acordando com as galinhas", lutando bravamente pelo "pão de cada dia", chegava cedo e me esquivava quietinho para casa quando as sombras noturnas despontavam na penumbra.

O Gerente do Local era uma pessoa das mais dignas e interessantes da cidade, chamava-se, Moacir Bonagamba, um nome pomposo, que ninguém conhecia, era senhor Moa para todos, carinhosamente tratado.

Neste final de tarde e começo de noite, saindo do trabalho, entrei, cumprimentei-o com sempre fazia, sendo sua resposta marca registrada, olhava por cima dos óculos, balançava a cabeça, severo por fora e doce por dentro, característica esta também afeita ao senhor Sergio, "Serjão do Lanche", que fazia o melhor carne e queijo da cidade, sem sorrisos e sem palavras.

O senhor Moa me serviu uma generosa dose de *Royal Label* em copo grande, com muito gelo e uma garrafa de água com gás.

Nunca tive que fazer nenhum pedido, ele já sabia.

Eu ficava sempre no começo do imenso balcão verde que percorria todo o salão, sentado bem no fim sozinho estava o Paulo Camargo, um ser humano na verdadeira acepção da palavra, batuta na arte e na vida, amigo e companheiro, sua casa na esquina da rua Marcondes Salgado com Prudente de Morais, nunca possuiu chaves, tampouco fechaduras, aberta a tudo e a todos, principalmente aos desvalidos "perseguidos pela má sorte da vida".

Esta residência era mesmo um templo da solidariedade, impossível para um simples mortal como eu, descrever a obra do Paulo lotada de cores, suores e lágrimas, retratando com pinceladas a crueldade dos homens e a desumanidade da violenta ditadura militar, lotados de desaparecimentos, prisões, banimentos e torturas.

Bem voltemos ao "Árabe", deixemos as saudades e reminiscências trancadas no fundo da alma.

Sentado em uma mesa estava um destacado amigo nosso, querido por todos pela sua cordialidade e discrição, aliadas a uma marcante timidez.

Na sua frente, olhos nos olhos estava uma diva digna de um "crime passional", cabelos longos, cacheados e louros, de um amarelo de corar todas as minas de ouro das Gerais, unhas bem-feitas e vermelhas, segurando entre os dedos um "Charme" que levava junto aos lábios em uma tragada, misto de sensualidade e desejo.

A fumaça brotava, formando pequenos círculos no ar, lembrando corações, bem, era a imagem que meus parcos vinte anos viam.

Fiquei ali girando o gelo com a ponta do dedo, sorvendo pequenos goles, espiando e espreitando com respeito esta "dama do crepúsculo", acompanhado apenas pela distância presente do Paulo, absorto e envolvido com seus devaneios, pincéis e revoluções.

A musa falava, fumava e brilhava e o nosso amigo apenas a olhava imóvel, pálido, o rosto impassível, fixo na beldade, sem alterar um músculo sequer, semelhante a um jogador de pôquer na última e derradeira rodada.

E a loira falava, falava e falava, ele estático, descorado, os olhos amarelos e marejados, as bochechas estranhamente inchadas e infladas, lembrando pequenas bexigas cheias de gás.

Depois de um tempo, cansada de falar com o vento, em um gesto brusco, mas elegante, fulminando-o com aqueles olhos de "céu de brigadeiro", uma derradeira e longa tragada, digna de "nunca houve uma mulher como Gilda", estrelado por *Rita Hayworth,* e desabafou:

—Olhe aqui seu inútil, eu fico aqui falando como uma louca, e você aí parado me olhando com a cara de quem viu lobisomem? Adeus para nunca mais.

Assim que a divina loira desapareceu nos calcanhares, nosso amigo sentiu jorrar-lhe da boca um jato que havia a muito custo contido, abado e guardado na presença da divindade e que enfim libertou, saltou como um chafariz de fazer inveja ao Vesúvio em uma erupção que sepultou Pompeia.

Terminada a crise, com os olhos esbugalhados, uma pequena lágrima descendo, atônito e catatônico, mais triste que um camelo, virou-se para o balcão num gesto constrangido, buscando socorro e abrigo, com um olhar de desamparo e renúncia, suportando o olhar feroz do garçom, munido de pano esfregão, balde e detergente.

Foi no instante que o nosso amado companheiro começou a tecer pequenas e antológicas frases, tentando explicar o inusitado momento difícil.

Terminou olhando firme para nós, dizendo em alto e bom som:

—Educação é fogo!

Se retirou com toda a sua calma e fidalguia, dirigindo-se para a porta meio tonto e sorumbático. Na soleira ainda ouviu o comentário sério e pontual do senhor Moa:

Perdeu o Whisky e a loira. Mas não perdeu a classe e postura.

Amigos e a ausência deles

Sempre tive a graça de ser agraciado com muitos amigos, como bom mineiro que não arrisca em nominar todos, onde a quantidade assusta a memória que falha, acionarei apenas dois deles.

Um graças a Deus ainda está por aqui, brilhando e bebendo, que é o Fernando Kaxassa, falando muito, não por tagarelice, mas pela nossa opção em ouvi-lo.

O Outro é o José Banana, aliás, o saudoso Dr. José Castejon Bueno, mas para todos de Minas, São Sebastião do Paraíso, o Céu onde certamente está. Terra do Noel, irmão caçula que me inundou a vida com Drummons, Bandeiras, Lorcas, Nerudas, Rosas Pessoas, e muitos mais, era apenas o Zé.

Taís, levou-me ao velório do Zé, respeitando meu silêncio, triste e taciturno, sentado ao seu lado.

Saímos de Ribeirão, ela ao volante é claro, pois único veículo que dirijo é a minha vida e são muitos acidentes, ainda bem, nenhum mortal, o olhar perdido, pensando Minas, Morros e no Zé, em nosso tempo.

E a estrada subindo e descendo, fazendo parábolas como bem definiu Edu Lobo: "Parece um cordão sem pontas, pelo chão desenrolado, unindo tudo que encontra a terra de lado a lado".

Chegando em Paraíso, o encontro com os amigos e o tempo, entre abraços, lembranças e em tudo que fala e se cala nestes momentos, inevitável seria para uma boa paulista, indagar:

O Zé morreu de quê?

—Olha, responde o primeiro, a senhora não sabe, mas na semana passado ele almoçou lá em casa, parecia pálido.

—Mas o Zé morreu de que?

—Olha doutora, engraçado é que nesta semana ele não veio ao bar, fiquei preocupado, observa o velho e bom, Tonino Garçom.

Paramos na Praça Comendador João Alves, enquanto mostrava lugares e contava reminiscências, quando avisto, como todo mundo, a primeira namorada do Grupo Escolar.

—Você por aqui?

—É O Zé, NE!

—Pois é tão novo!

Taís interfere:

—Mas Sandra, o Zé morreu de quê?

—Sabe Taís, achei meio estranho, ainda no sábado passado encontrei com ele na Banca do Estevão, comprando o Estadão, como sempre fazia todos os dias. Na hora, me pareceu bem.

No meio das tristezas, encontramos o Flávio, doutor Flávio Joele, amigo de

Homenagem ao "Bananinha"
(José Castejon Bueno)

longas jornadas e a Taís já dando mostras de impaciência, com a voz alterada, pergunta outra vez

—Flavio, do que foi que o Zé morreu?

E o Flávio, terno, amigo e mineiro, reponde:

—Taís, ontem foi segunda-feira, brava aqui em Paraíso, um paradeiro danado, um frio terrível de lascar, não fui ao bar, fiquei vendo televisão e adormeci. Acordei assustado, um silêncio enorme, cortado apenas pela sirene da ambulância. Pulei do sofá, olhei para o relógio, que marcava onze horas e pensei: deve ser o Zé.

Taís não perguntou mais. Nas estradas foi sua vez de ficar calada durante o melancólico trajeto da volta e, naquele seu silêncio, notei que havia entendido como ninguém, ou como nenhum mineiro, as palavras sobre o Zé, e como ele também está no Paraíso, que certa feita, disse:

—A gente não morre, fica encantado.

E reverenciando o Zé e o Rosa, humildemente digo:

—Mineiro não morre, sô!

Dois saxofones em minha vida

Infelizmente não possuo nenhum dom musical, com tristeza confesso uma inveja de uma letra que diz *"Como é bom poder tocar um instrumento"*, principalmente em uma noite longa que demora tanto a passar.

Tenho sempre uma cena guardada como uma das mais marcantes da minha infância ao lado do meu tio Lalado, em uma acolhedora casa com uma imensa varanda, um quintal com laranjeiras, limas da pérsia, pessegueiros, parreiras, limoeiros, canteiros com alfaces, rúculas, alecrins, salsas, cebolinhas, manjericões, hortelãs cuidadas com carinho e afeição.

Fecho os olhos, me vejo com cinco, seis anos na soleira da porta de pijamas, pés descalços, maravilhado assistindo meu tio tocando seu saxofone.

Naquela época os caibros da varanda eram lotados de gaiolas com canários belgas, curiós, bicudos, sanhaços, coleiras, pintassilgos, azulões, e um sabiá laranjeira.

Quando meu tio começava a soprar as primeiras notas tudo se transformava em uma sinfonia de acordes formados por gorjeios, chilreios, trinados, naquelas manhãs que pareciam eternas.

Com dezesseis anos vim para Ribeirão Preto, lutar pela vida.

Na noite conheci muitos músicos, com destaque para o Bilo, o Bilontra com seu saxofone.

Ficava matando saudades, sentado quietinho no canto de uma mesa pensando naquela casa, dias tão distantes e amados.

Bem, vamos ao fato:

Fizemos uma reunião lá em nosso apartamento, com a graça e a sabedoria que a Taís possuía para receber.

Naquela noite fizeram-se presentes: o violino do Miltinho, sax do Bilo e um piano maravilhosamente tocado por um talentoso músico de nome Jovino Campos que conheci naquela noite.

O cardápio foi "Penne ao Gorgonzola" regado com molho de mel, lombo assado, arroz branco e a sobremesa, um queijo da Canastra com doce de leite Zebu de Uberaba.

Lá pelas três horas da manhã, Bilo fechou o Sax, um dos convidados ofereceu-se para levá-lo, no que foi seriamente advertido por todos, porém o moço fez questão da empreita.

Nas duas primeiras, Bilo, saxofonista de Ribeirão Preto/SP. Na seguinte, Maestro Lalado, de São Sebastião do Paraíso/MG, saxofonista.

E lá foram os dois pela madrugada, subindo e descendo ruas, passando por vielas, quarteirões, bairros e nada.

O dia amanhecendo, distantes de tudo a quilômetros de qualquer região habitada, quase chegando aonde o "Judas perdeu as botas", o jovem não aguentando mais indaga todo polido:

—Senhor Bilo, onde se localiza o vosso domicílio?

E o Bilontra esparramado no banco traseiro, acorda meio zonzo, olhos arregalados, sob os efeitos do álcool, sacando aquele seu imenso sorriso de bate pronto responde:

—No Brasil.

Existir é uma gangorra que sobe e desce, roda gigante que gira, uma plateia ávida, deslumbrada e atônita.

Pipocas, sorrisos e esperanças.

Um trapezista voando, uma bailarina se contorcendo, um malabarista procurando não deixar os sonhos caírem, narizes vermelhos e seus trombones saltando brancos talcos.

A vida, seus rosários, tendas, sorrisos, aplausos e apupos.

Um dia o espetáculo vai embora levando os sonhos, fantasias, coelhos, rosas, mágicas e cartolas, surgindo em outros lugares.

O Brasil, a Baviera, a notícia e a cerveja

Quando ocupava o honroso cargo de Secretário Adjunto de Governo da Prefeitura Municipal de Ribeirão Preto, ao lado do saudoso e querido Dr. Newton Mendes Garcia, participei do "Seminário Internacional de Proteção ao Aquífero Guarani", realizado no Theatro Pedro II, reuniunindo autoridades do Brasil e do exterior, professores e estudiosos da pesquisa e proteção dos recursos hídricos.

Diversas autoridades também presentes, com destaque para o Cônsul Honorário da Alemanha, Rudols Schalleenmullero, Secretário do Ministério da Baviera, Wulf Riess, juntamente com renomados conferencistas brasileiros e alemães.

Logo depois de composta a mesa, foi passada a palavra ao Cônsul, que fez um discurso envolvente, de um bom humor contagiante e de uma clareza ímpar:

—Bom dia! Quero dizer a todos que existem inúmeros laços que nos unem, porém faço questão de mencionar um que merece destaque, Ribeirão Preto possui a melhor cervejaria do Brasil e Munique a melhor cervejaria da Alemanha.

Como amante da cerveja gostaria de pedir aos responsáveis e a toda a população que continuem a cuidar desta maravilhosa água, para que possamos tomar sempre a cerveja que adoramos.

Felicidades a todos!

Ao término foi efusivamente aplaudido, entre sorrisos tímidos e agradecidos, pela forma natural e surpreendente de demonstrar a importância do evento, lembrando da sua Alemanha e da sua Munique e da sua Muchen, desde o século XV foi batizada com o nome de cerveja.

Alguns dias depois, deparei-me com o nosso Presidente Luiz Inácio Lula da Silva, vestido a caráter, em visita a uma mundialmente famosa festa da cerveja em Blumenau, prestando justa homenagem ao povo catarinense e alemão, principalmente aos imigrantes que tão bem desenvolveram o nosso Sul, com sua determinação, união e competência, também no cultivo das uvas produzindo excelente vinho.

A foto demonstrava todo o apreço do Presidente pelo povo Germânico, porém foi usada de uma forma leviana, para ilustrar um artigo do New York Times, lançando grave ofensa e calúnia ao Presidente do Brasil, acusando-o do uso abusivo de bebidas alcoólicas, que estariam comprometendo o seu desempenho como Chefe de Estado, da nossa República, cometendo uma injúria e calúnia, sem par.

Na página anterior, a Choperia Pinguim, de Ribeirão Preto. Acima, Baviera alemã e a Oktoberfest de Blumenau/SC

Imediatamente lembrei-me das palavras carinhosas e singelas do Cônsul, sobre a nossa cidade, nosso país e a nossa água, além das maravilhas de se saborear uma boa cerveja, símbolo nacional do seu país e sua terra natal, que ele procura com orgulho e maestria divulgar para o mundo.

Dentre tantos acontecimentos nos últimos dias passados após o seminário, ao abrir o "caderno regional" de um importante matutino nacional, que estampava outra falácia e injúria, trocando bebidas por vaias.

Diante de tudo, não pude deixar de imaginar:

Estivéssemos todos em Berlim, Munique, Dusseldorff ou Hockenheim, ao abrirmos o "Die Zeitung", poderíamos deparar com uma notícia mais ou menos assim:

Inaugurada ontem importante Unidade Básica de Saúde, que leva o nome do grande cientista e médico sanitarista, Dr. Sérgio Arouca, que muito honra todo o povo da

Alemanha, agora vamos dançar e cantar até o Sol raiar, com muitas e muitas canecas de cerveja!

Voltando para a nossa realidade, afirmo:

—A cerveja e a verdade são imprescindíveis. E, em bom alemão, indago:

Lasst uns Bier trinken?

A cerveja também é cultura. Na Áustria, em Viena existe uma rua com cervejarias dos dois lados.

Nome da rua: Sócrates Strasse.

Um canário muito especial

Desde menino entendo de canários, de todas as linhagens e cores: belgas, terras, amarelos intensos, amarelos nevados, vermelhos intensos, mosaicos, marfins, amarelos negros, vermelhos negros, brancos, brancos intensos, louros, castanhos intensos e muitos, muitos mais.

Aprendi com meu tio, meu amigo, meu mestre, enfim, meu pai, que me criou. Apenas muitos anos depois, entendi perfeitamente e emocionado o dito: "Pai é aquele que cria".

Bem, voltemos aos canários. Com oito anos, ganhei o primeiro. Era um Belga, amarelo-intenso e peito branco. Batizei-o com o nome pomposo de Marechal. Hoje seria Tom Jobim, Pixinguinha ou Agostinho dos Santos, pois a inocência e o desconhecimento não haviam contaminado com tiranias, ditaduras e outros males, que viria a conhecer muito tempo depois e lutaria bravamente contra eles.

Minhas calças curtas cresceram, criei muitos canários pela vida afora. Cheguei a ter um imenso viveiro, lotado de Vinícius, Tons, Chicos, Nelsons, Caetanos, Vandrés, Gals, Marisas Montes, Bethanias, sinfônicas e filarmônicas.

Um dia acordei, alguns doei, outros que tinham condições de sobreviver na natureza, soltei em uma mata e continuei a cuidar da vida.

Conheci um canário em Ribeirão Preto que assoviava. Engraçado, na minha infância só os sabiás e os pássaros pretos conseguiam tal proeza.

Esse é com certeza um canário muito especial. Solta seus assovios, trinados pelas praças, ruas, bares, está sempre feliz e cordial. Do seu bico nunca ouvi um gorjeio contra quem quer que seja. Sua presença alta, esguia, peito magro, ilumina o ambiente. Seu assovio cumprimenta a todos, é sua marca registrada, sua voz, seu sinal.

Em um final de tarde triste, fui visitá-lo, em um quarto fechado, como uma gaiola. Encontrava-se quieto e sereno, me pareceu que sonhava um sonho bom, pois seu rosto demonstrava um quase sorriso, imagino que voava e cantava, planando sobre Ribeirão. Fiquei sentado ao seu lado um tempo, pensando na minha vida, nas nossas vidas, nos nossos gorjeios, trinados, chilreios e assovios em volta das mesas.

Saí do Hospital São Francisco, desci a rua Bernardino de Campos, com as mãos nos bolsos, assoviando baixinho, querendo ser Canarinho.

Minha singela homenagem ao saudoso Wanderley Cazon de Mello, o nosso querido e eterno Canarinho.

A calma e o silêncio

Existe um filme que assisti muitas vezes com a minha filha Marina, acho que já assistimos umas sei lá quantas vezes, foram muitas, chegamos a decorar cada cena.

Trata-se de uma película que se passa na África em uma construção de uma ponte. "As obras estão atrasadas e o engenheiro John Henry Patterson é contratado para dar continuidade à obra. Tudo parece bem até que os funcionários descobrem o cadáver mutilado do capataz da obra, aparentemente morto por um leão, aliás dois leões: A sombra e a escuridão.

Em uma "segunda-feira brava" como se diz nas minhas terras, fui despedir-me do velho pássaro, como carinhosamente era chamado Pelo Luiz Carlos Briza, pássaro este da linhagem dos canários, que certamente voou para outro lugar, levando seus gorjeios e assovios para outras árvores, outros bares e outros ninhos.

Nestas horas tristes revi muitos amigos, um em especial que pouco fala, apenas emite sinais com os olhos, braços e pernas, fala pelo corpo.

O ser é o Joel, o Jôjô, um homem solidário, amigo caminhando entre nós sem se fazer notar, porém sempre por perto. Alguém que soube fazer do silêncio sua palavra.

Entre abraços, lágrimas, sorrisos e conversas, fiquei trocando lembranças do Canarinho com o Adnam, aliás o Dr. Adnam, direto das "Arcadas do Largo São Francisco" para as nossas vidas. Um craque da amizade e da culinária.

Juntos caminhamos muitas voltas em diversos fogões a lenha, naquele momento triste, ainda falamos de tantas ações e fatos.

Confidenciou-me que o Joel e o Canarinho passaram vinte anos juntos e só trocaram uma dúzia de palavras.

Fui dar um abraço no Jojô e debaixo de um sorriso maroto não pude deixar de comentar a confidência do Dr. Adnam.

Ele me fitou com aquele olhar que diz tudo e fulminou quebrando um silêncio de anos.

—Não foram uma dúzia, foram duas e mais sete palavras.

Jamais havia ouvido ou presenciado uma frase tão longa do Joel.

Fiquei imaginando os dois juntos pela vida, bares, ruas, em animadas conversas, sem necessidade de palavras.

Pensei imediatamente no filme com a querida Marina entendi que os dois formavam uma dupla inseparável, eram a calma e o silêncio.

A calma para perguntar e o silêncio para responder.

O silêncio para explicar e a calma para entender.

Pobres e infelizes de nós que corremos e falamos como se realmente entendêssemos.

O que, para onde?

E os dois zombando da gente ouvindo o silêncio e permanecendo em calma.

Cotovias, rouxinóis, a música e o cantar

Arantes ouvia dizer desde o tempo de meus avós, incrustados nas montanhas e serras, que pais e mães deveriam ser só deles até que a morte os separe. Muito tempo depois, perdendo a inocência e a pureza, deparei-me com um mundo completamente diferente.

Após muitas experiências sofridas e também a mim relatadas sobre corações abandonados e dilacerados, comecei a achar meio estranhas certas histórias de eternidade. Naquela época, pela firmeza da minha formação e da determinação de meus pensamentos, que se nutriam de Dostoiévski, Tolstoi, Gorki, Lorca, Neruda, além do Drummond, é claro, achava que tudo deveria ter um sentido de responsabilidade e fidelidade pela via política e amor.

Interessante que fomos fazer uma viagem a Minas, Ouro Preto. No caminho, paramos em um bar, misto de armazém, perdido no tempo e nas montanhas. Minha filha Marina pediu pão de queijo recheado com linguiça e eu, que não sou bobo nem nada, aprovei imediatamente o cardápio. O que me chamou atenção foi o nome do lugarejo. Aliás, Minas é pródiga em seus nomes: Olhos D'água, Turmalina, Pedra Azul, Desterro, Luz, Vazante, Dores do Indaiá, Curral de Dentro, Tiros, Piedade dos Gerais, Ubá, Rio Acima, Sumidouro, Fervedouro e vai por aí afora.

Bem! O lugar chama-se Brejo das Almas e o estabelecimento Cotobia. Interessei-me pelos nomes e comecei a conversar com a senhora Dona Gertrudes, Gê, doce e simpática proprietária do lugar. Contou-me então uma história intrigante.

No povoado ao lado existia uma moça que cantava maravilhosamente, chamada para as procissões, casamentos, batizados, aniversários e todos os encontros, onde se apresentava ao lado de um violão, de nome Amâncio. Sua voz afinada, sensível e enluarada, ecoava pelos quatro cantos.

Em um "São João", apaixonou-se por um rapaz. Namoraram, noivaram e se casaram, como se diz em Minas, "foram feitos um para o outro". Acontece, "porque tudo na vida acontece", em uma noite de Carnaval, no Salão da Casa Paroquial, recheada de colombinas, arlequins, melindrosas, piratas, quis o destino que o pirata singrasse os sete mares, navegando para a eternidade, deixando só para si sua colombina.

A cotovia e o rouxinol

Dona Gê disse-me que a jovem continuou a cantar sempre e muito, cada vez mais alto e belo. Sua voz penetrava nas almas, ecoando pelo lugarejo, vales, pradarias e campos, paralisando tudo e todos, porém seu semblante permanecia extremamente triste e abatido.

Um dia, não entendendo a súbita alegria da dona do canto, indagou: Por que você está cantando tão feliz ultimamente?

Alguém me disse que um dia, quando a tristeza fosse embora, meu amado voltaria e viveria comigo para sempre. Somente eu o veria, nos amaríamos sempre nas horas absolutas de solidão entre nós. A moça chama-se simplesmente Bia.

Comentava-se nas redondezas que cantava como uma cotovia. Com o tempo, Bia e Cotovia foram se misturando, se unindo e se aninhando, transformando-se em um só canto, em uma só pessoa: Cotobia.

Interessante que em um ato da peça escrita por William Shakespeare, Romeu e Julieta, os dois amantes, após uma noite de amor, discutem se o pássaro que ouvem lá fora é a cotovia ou o rouxinol. Preferem o último, que canta durante a noite, quando a cotovia anuncia o dia e com ele a separação dos amantes.

Dona Gê segredou-me que até recentemente, quando a Cotobia falava do amor perdido, era sempre com uma dor pungente no peito e sua voz melodiosa ia aos poucos desaparecendo, morrendo na tristeza. Quase não se entendiam suas últimas palavras.

Nestes últimos tempos, tenho achado estranho, pois ela fala do amado sempre no presente, sua voz soa alta e um brilho radiante salta dos seus olhos. Se despede voltando no dia seguinte com um largo sorriso estampado no rosto. Às vezes permanece dias ausente sem dar notícias. Ninguém sabe, nenhum vizinho, parente, amigo, volta, canta apenas, desaparecendo sem pistas. Suspirando de felicidade brotando da alma.

Penso que a vida está certa, existem amores que não morrem, apenas mudam de tempo, espaço e tom.

Ribeirão Preto: 166 anos

Em um dia de um janeiro distante, deixei minhas Minas Gerais, aportando nestas terras. Em uma manhã de céu azul, um Sol forte emitindo seus raios em todas as direções, tentando penetrar nos mosaicos da Catedral. Invadindo cada local em uma festa de cores e luzes.

Confesso que estava meio aturdido, perdido na cidade grande com meus parcos 16 anos, bem distante da calma, do leite entregue pela carrocinha, das brincadeiras e das cadeiras postas nas calçadas ao entardecer.

Caminhando, olhando para tudo e para todos, novidades surgindo a cada segundo, vitrines, apitos do guarda, empurrões, tropeços, eu franzino, tímido e obscuro rapaz do mato.

Ao meu lado seguia meu irmão Noel, recém-saído dos calças curtas, caminhando garboso e importante ao meu lado.

Trazia no bolso parcos vinténs e uma recomendação de minha mãe endereçada a uma amiga para que nos abrigasse em sua pensão no Centro.

Ao amanhecer o dia, comecei minha jornada pela cidade a procura de uma ocupação, fazendo jus à letra de Chico Buarque; "pois o vencimento não é como eu não pode esperar".

Fazia muito calor, o sapato apertava, o suor escorria, a barriga roncava, o tempo passando e eu entrando em lojas,

Vista panorâmica da cidade de Ribeirão Preto (São Paulo).

armazéns, escolas, bancos, ouvindo sempre a mesma cantilena; "não temos vagas".

Depois de 4, 5 dias, entrei em uma agência onde estava escrito: UNIBANCO, nunca havia ouvido falar, na rua São Sebastião 510, onde fui encaminhado ao senhor Antonio Mauro Elias, que me recebeu sem levantar a cabeça e o olhar, foi logo dizendo: Não estamos contratando ninguém. Cansado e decepcionado, com fome, comentei entre os dentes. Que merda de cidade, preciso de uma colocação e só ouço, não, não e não.

Já estava virando nos calcanhares, preparando minha retirada com mais um bota fora no Currículo, quando o senhor Antonio indagou: Menino, você é de onde? Respondi firme e forte: De Alfenas, nas Minas Gerais.

Um pequeno silêncio brotou naquela sala, pela primeira vez ele ergueu os olhos e num misto de ternura e cumplicidade, bradou em alto e bom som: Eu também sou de Alfenas.

Com euforia e brilho nos olhos passou a discorrer sobre o nosso torrão natal, comentando sobre seus personagens e indagando sobre meus familiares, eu atônito e perplexo, pois na realidade apenas nasci em Alfenas, com pouquíssimos dias fomos residir em São Sebastião do Paraíso.

Seguindo esta mania mineira de responder sempre com fidelidade como as coisas o são, cumpri na íntegra minha Certidão de Nascimento.

Não sabia bulhufas de Alfenas, mas nossa amizade já estava selada, desde que respeitadas as fronteiras de JK, Drummond, Guimarães Rosa, Humberto Mauro, Ziraldo, Fernando Sabino, Paulo Mendes Campos e tantos outros, todas as convenções e tratados cairiam por terra, imediatamente uma constatação ocorreu-me, a agência pioneira, 001 do UNIBANCO SA, nasceu em Alfenas, minha terra natal.

Um dia de cangaço nas Minas Gerais

Minha terra difere muito do clima, solo, topografia e o relevo daquelas cantadas por João Guimarães Rosa, "O sertão é o mundo".

Não sei por que cargas d'água foi escolhida para rodar uma película tendo como a saga o cangaço e as peripécias de Virgulino Ferreira e Maria Bonita.

O jovem e estreante Diretor, sonhando com seus dias de John Ford, Huston, reuniu os figurantes, moradores da viela para passar as características necessárias para uma determinada tomada.

Começou uma longa narrativa de como seria o "figurante", alto, magro, ossatura à mostra e mais feio que as noites de tempestades, quando um gaiato lá do fundo gritou: é o Zé Horrível, lá da Guardinha.

A cena era bastante simples e o figurante ao ser alvejado deveria cair do cavalo e a vida seguir em frente, ou o filme.

E lá foi o nosso homem, devidamente paramentado, com alpercatas, demonstrando as imensas joanetes nos pés, tamanho 50, empertigado, duro como aroeira, a olhar todos lá de cima do alazão, piteiro debaixo do chapéu de ouricuri, com aquele ar de John Wayne em "O homem que matou o facínora".

Luzes, câmera, ação, e o ator permaneceu imóvel, olhar perdido nas montanhas, paiero apertado nos dentes, soltando fumaça pelo nariz e pela boca, em uma alusão ao imortal Humphrey Bogart, sob o desespero do perplexo Diretor que arrancava os cabelos e vociferava, caia! Você tem que cair, pule deste cavalo seu desgraçado, você só tem que morrer e o Zé permaneceu imóvel e impassível, determinando.

Eu sou mocinho e mocinho não morre.

O jeito foi passar uma corda na barriga do herói, luzes, câmera, ação, um dois três e já.

E lá foi o nosso aspirante a Lampião, fulminado com um certeiro tiro de fuzil, arremessado do corcel branco, rolando na poeira ladeira abaixo, nas saudosas matinês para a alegria da garotada entre palmas, assovios, pipocas, balas Chita e drops Dulcora.

Reportagem sobre a filmagem de "O Rei do Cangaço" em São Sebastião do Paraíso. Ubiratan (Bira), figura popular da cidade mineira

Um fio de pasta e o elo perdido

Estava eu absorto, totalmente entregue aos meus devaneios, lembranças e lampejos das reminiscências, quando este estridente e estraga sonhos ruído, advindo de uma parafernália, que infesta o mundo, chamado de celular, Zap e suas mensagens, quase sempre inoportunas, estampido este que me trouxe de volta ao presente.

Irritado, abri e estava escrito, "estou com vontade de comer aquele macarrão com sardinha e vinho", na realidade um *spaghetti* com *le sarne* e *vino*.

Confesso que me assustei com as sombras do distante e longínquo passado, mas, como sempre, pus-me a imaginar a receita um tanto quanto perdida no tempo.

Fiz a lista, a idade já te faz esquecer coisas simples, quanto mais ingredientes, rumando ao supermercado: sardinhas "Gomes da Costa", *campioni, piselli, pomodori pelati, pomodori maturi*, manteiga Aviação, cheiro verde, cebolas, manjericão, folhas de louro, *formaggio parmigiano* e a pasta *di grano duro*.

Confesso que praticamente não dormi aquela noite, rolando na cama tal qual "pau de enchente", me levantei, devia ser umas 3 horas, tomei um banho, os produtos todos depositados sobre a mesa, iniciei o preparo do molho, pois a pasta apenas na hora.

Senti que o relógio havia parado, congelando o tempo, sendo os segundos, minutos e as horas mais demoradas da minha vivência.

Depois desta agonia, novamente o sinal da mensagem, este sim exaustivamente aguardado, devem existir sinais bons e maus, "estou chegando", abri a porta, entre ansioso e envergonhado a olhei, engraçado, como o passar dos anos fazem bem a certas pessoas, estava com aqueles cabelos um pouco abaixo dos ombros, os olhos verdinhos apertados, um sorriso daqueles contidos e iluminados, na hora me veio a definição que uma mulher chegava ao ápice da juventude madura, onde brotava por todos os movimentos seu charme, cheiro e a revelação da fêmea na acepção da palavra.

Abri o vinho que ela sorvia em lentos goles, vez em quando, com um gesto discreto sua língua roçava os lábios, como a aproveitar cada gota do néctar de Baco.

Abri uma segunda garrafa de um tinto seco italiano, coloquei a pasta para cozinhar, a mesa já estava posta com dois pratos, talheres e tudo o mais, simples, mas repleto de ternura e carinho. Com os lábios avermelhados pelo vinho, disse ela: vamos comer no mesmo prato um de frente para o outro, na hora me lembrei de uma cena de um filme que vi com a minha filhota, ainda pititinha, "A Dama e o Vagabundo" em uma Cantina, naquela famosa e eterna cena, onde sobrando apenas um fio do macarrão, com a ponta para cada um, onde eles mastigam aos poucos até se encontrarem em um beijo.

No nosso encontro não houve o beijo, apenas sobrou um fio no prato, ela se levantou e partiu, fiquei olhando aquele fio e notei que ele estava dividido igualmente em dois, senti que a vida também partia sempre, como um efêmero fio de pasta, apenas ficando as lembranças, tal qual a vida retratada em uma gastronomia sem fim, marcando nossos passos e ações, com os ingredientes e temperos, forjados nos atos da existência humana.

Histórias de Minas e Brasília

Comecei muito cedo minha labuta, com nove primaveras, trabalhando na alfaiataria do meu tio, Geraldo Borges Campos, "Maestro Lalado". Minhas tarefas consistiam em varrer a oficina, limpar os móveis, mantendo tudo limpinho, com brilho. Também e principalmente, entregar as camisas, calças e ternos confeccionados pelo meu tio.

Antes do meu primeiro compromisso, procurando com garbo e eficiência entregar um terno novinho de casimira inglesa ao Dr. Jésser Esper, empresário e pessoa importante na cidade. Antes de sair para o meu primeiro compromisso, meu tio contou-me uma passagem que guardo até hoje nas lembranças da aurora da minha vida.

Um certo Doutor, médico, após sua graduação e o cumprimento das residências, escolheu a cidade como moradia, iniciando sua clínica e atendimentos, estabelecendo seu consultório em um local muito carente de clínicos. Destacou-me também meu tio que ele nunca mais deixou seu torrão natal, a não ser para um importante e imprescindível compromisso no Rio de Janeiro, onde ele nunca esteve.

Ao chegar ao destino, deixou sua mala no hotel, arriscando um passeio pelas imediações, saltitante como crianças nas manhãs dos dias 25 de dezembro. Em poucos minutos se viu perdido, no exato instante em que passa por

Brasília —Distrito Federal

ele um garoto vendendo frutas em uma carriola pequena de madeira.

Assaltou-lhe então uma ideia para livrá-lo do desespero. O doutor, mais que na hora, o interrompeu: —Jovem, "quero comprar umas frutas, mas você tem que entregar no Hotel em meu nome." Tirou do bolso do paletó um papel onde estava anotado o nome do hóspede, o endereço e até o telefone do local.

O doutor então selecionou as frutas, pagando em seguida. Assim que o jovenzinho deu os primeiros passos, o médico começou a segui-lo, aliviado e livre da vergonha de encontrar-se perdido em tão pouco tempo.

Qual não foi sua surpresa quando o vendedorzinho percorreu uns cinquenta metros, dobrou a esquina e entrou no hotel. O nosso Clínico Geral, ruborizado e humilhado, trancou-se no quarto, só saindo para o compromisso com o táxi esperando na porta e escoltado até a rodoviária no seu retorno a Minas.

Lembrei-me deste fato voltando dos braços da felicidade, convidado que fui para a posse do Presidente Luiz Inácio Lula da Silva em seu primeiro mandato como Chefe do Executivo Federal. Ficaríamos uns três ou quatro dias após a posse na Capital Federal e solicitei a um encarregado do hotel um chofer que pudesse ficar à nossa disposição sempre que necessitássemos.

Foi-nos indicado o senhor Domingos Ferreira, simpático e jovial português, vindo de Cascais para residir em Brasília. Dois dias após a posse, marquei uma visita ao Ministério da Cultura para uma conversa e café com amigos.

A recepção localizou o senhor Domingos, que prontamente nos atendeu. Notei que não havíamos percorrido uma longa distância quando o gajo parou em um ponto de Táxi, conversando confidencialmente com um senhor que, após breve colóquio, o taxista dirigiu-se à nossa janela e falando comigo, com um forte sotaque luso, cumprimentou-nos com educação e comunicou que o senhor Domingos iria seguir o táxi dele até o Ministério.

Naquele instante, sorri para a Taís, que não estava entendendo bulhufas. Transportei-me em um estalo de dedos ao primeiro ofício e à história do meu tio. Não voltei a ver o querido senhor Domingos Ferreira. Acho que ainda está em Brasília. Hoje, me parece que com o tempo e a cordialidade, conhece toda a cidade e os caminhos de JK, Lúcio, Filgueiras e tantos outros que souberam preparar a terra para edificar o árduo caminho da liberdade.

A justiça não é cega... apenas, algumas vezes, míope

O Doutor Joaquim Alcazar Julião de Arroyo Marques, ou simplesmente Doutor Quinzinho, médico e autoridade destacada nos meios políticos e sociais, congregado mariano, Conselheiro Mor da Ordem de Cristo Salvador, respeitado e louvado na Província, amado pelos amigos, um homem sem inimigos.

Nas procissões, principalmente as do "Encontro" e "Enterro", na frente paramentado, carregando o andor, quando alguém da elite passava dessa vida para melhor, era reservada a ele a primeira alça do esquife.

Convocado sempre para ler trechos litúrgicos da destacada missa das sete horas e das vinte horas aos domingos. Paraninfo "*ad aeternum*" das sonolentas e intermináveis "colações de grau".

Presidente emérito e vitalício do "Grêmio Recreativo das Alterosas". Foi coroinha, Juiz de Paz, coletor, tesoureiro da "Liga das Senhoras Benevolentes", obreiro, leiloeiro nas quermesses, sacristão e diácono.

Casado com a senhora dona Floripes, de Mello Alcazar de Arroyo Marques, dama das mais prendadas e caridosas da região, que se dedicava a bordar e coser para os bazares da Paróquia do Padre Adamastor Bergamasco de Cintra.

O nosso Clínico Geral, como todo varão, é claro, possuía sua filial na "Ponte dos Amores", lugar distante e paupérrimo, onde as mulheres "de vida fácil" levavam uma "vida duríssima".

Quando o Doutor Quinzinho adentrava o recinto, a noite começava. Muitas cervejas, risadas Gardel alto na vitrola, paletó na cadeira, gravata frouxa, rapé no bolso das calças e o colo da Madalena.

E assim seguia a vida do Dr. Durante o dia, sob os raios do Sol, tudo na mais absoluta rotina.

Quando a lua brotava no céu e as estrelas a recebiam em círculos, brincando de roda, lá ia ele, sorrateiro e fugaz para os braços da amada.

Em uma noite daquelas, para sempre a ser esquecida e riscada do caderno e dos anais, o Dr. Quinzinho na companhia do seresteiro poeta, músico, autodidata e prático, Juca da Farmácia, o "Juca Xarope", perdeu o juízo no torpor do álcool, enfeitiçado pelo ciúme e desesperado pelo amor de Madalena nua nos braços de um forasteiro.

Era uma noite de segunda-feira, apenas pouquíssimos e quase nenhum "habitué", cinco tiros e um silêncio sepulcral. O Doutor Quinzinho em pé, no meio do quarto com a arma ainda fumegante nas mãos, os olhos esbugalhados, atônito, perplexo e catatônico.

Chega um velho Jeep com capota de lona, dentro dele o sargento Tonico da Sinhá e o cabo Mané Torto, assustados observam em coro:

—Meu Deus do Céu, é o Doutor Quinzinho!

E o sargento:

—Mesmo assim temos que levar.

O veículo ruma para a Delegacia vazia, sem nenhum morador em débito com a Lei.

O Delegado é acordado e em segredo dirige-se também à delegacia, indaga ao sargento e ao cabo quem estava no local e assistiu à cena.

O sargento, por uma questão de hierarquia, respondeu:

—No quarto apenas ele e a amante, sob o olhar assustado do Dr. Quinzinho.

Os subalternos da força pública foram orientados a voltar ao meretrício e esconder o corpo do desconhecido e ameaçarem Madalena, garantindo o seu silêncio total do episódio.

O Delegado orientou que levassem o Dr. Quinzinho para sua casa e convocaria uma reunião fechada, agora com nosso pessoal.

Chegam: O nobre edil, o magistrado de pijama, o vigário de batina, o locutor e Presidente da Rádio KY7, o Dr. Julião Pompeu, todo de branco, responsável pelo Posto de Saúde e legista, juntamente com o resto da "Trupe" iluminada.

O eminente juiz, Dr. Praxedes Lamourão, o bacharel em Ciências Jurídicas, Saturnino Casa Verde, o Prefeito, Antonio Limoeiro das Graças, o Tonho Limão e o Presidente da Câmara Municipal, Ludovico Antão.

Todos eles ungidos aos seus postos pelas mãos e graça do Dr. Quinzinho.

Iniciando-se os debates, Dr. Praxedes interveio:

—Não podemos tratar o Dr. Quinzinho de forma igual.

—Mas ele matou o indivíduo, retrucou o Prefeito envergonhado.

—Quem viu? Argumenta o Magistrado.

Começam as confabulações e finda a reunião com a manifestação do vigário de batina, Padre Adamastor, já pensando na reforma da Igreja.

Imaginem! Um homem acima de qualquer suspeita, ninguém viu ou verá. Este filho da terra jamais levantou a palavra ou a mão em direção a quem quer que seja, mesmo que fosse com uma luva ou uma flor. Exemplo de dignidade e retidão em nossa comunidade, Cidade, Estado e quiçá o mundo. Acompanhado, sob a concordância de todos.

Diante do entendimento total, foi lavrado o veredicto:

Pronunciou-se o Juiz:

—O moço, indigente senhor José não sei de quê, foi encontrado em decúbito dorsal, devidamente morto de morte morrida.

No momento da ocorrência da morte, estava o Dr. Quinzinho no aconchego do seu divino lar ao lado da sua dedicada e fiel esposa e mãe, redigindo o discurso de posse do mais novo acadêmico, que irá ocupar a cadeira número seis, da Academia de Letras e Cultura, "Píncaros do Léxico", templo e guardião do saber e das letras. Cadeira a ser ocupada pelo mais novo imortal, Antônio Salomão das Neves, emérito tocador de tuba da "Euterpe Lira das Alterosas".

O Ilustre Magistrado, após a decisão unânime, deixa uma frase ameaçadora e intrigante no ar:

—Que nada vaze destas paredes que apenas escutam e guardam o clamor da justiça. O preço da liberdade é a "eterna vigilância".

—E a província desperta como sempre, seu povo desperta, gente pacata e ordeira, temente a Deus, respeitosa de seus deveres e obrigações.

—E lá em cima, no topo da colina, Toninho Coveiro, cuida dos seus mortos com zelo e carinho tendo sempre ao seu lado sua fiel companheira, a solidão.

Ao ver o corpo enrolado em um lençol amarelado pelo tempo e jogado ao chão, repete o dito:

—Quem não tem padrinho morre pagão.

E aproveita para criar o seu bordão:

—Tem que ter pistolão, caso contrário não vai nem na procissão!

E como gerente, um único senhor do lugar, determina passando uma ordem para si:

—Vai em pé e em cova rasa.

Um lunático, demente e desagradável

Um grupo de amigos reunidos para uma cervejinha, também na festinha, convivas opinaram sobre o ano e sua caminhada quase chegando ao fim.

Um jardim todo iluminado, onde crianças eufóricas em seus folguedos brincavam a correr de um lado para o outro.

Quis o destino que em uma noite tão feliz, afortunada, bem-fadada e com muita esperança, presenciasse um momento tão triste, sinistro, deplorável e detestável.

Presente ao local um daqueles desprezíveis indivíduos, representantes de um tempo sombrio, de nefasta lembrança, quando homens desse naipe agasalhados pelos mantos da tirania, mandavam prender e arrebentar que ousasse ou sequer sonhasse discordar de esdrúxulas, ridículas e déspotas opiniões e decisões.

E eis que ditador de pijamas, fanfarrão de dominó, outrora "Rei do Gado", hoje sem boi e sem vintém, ativo personagem de um outro país, onde bichos e homens tinham o mesmo valor, transporta-se ao passado, num lampejo de saudade, despeito e demência, travestido de um Hitler, Mussolini, Médici, Videla, Pinochet, Francos Salazar, Galtieri, Ceausescu, Pol-Pot e Deus me livre e guarde, sei lá mais, déspotas, verdugos e virulentos que fizeram do terror sua vontade, dá um pulo no centro da varanda, os olhos esbugalhados, os punhos cerrados, doido de dar dó, mão na cintura tentando achar o trabuco, de outrora que a tudo resolvia, bramindo ameaças, ditando ordens a imaginários comparsas e capatazes, revolvendo o passado e clamando por todos os demônios do seu tempo.

Não restou outra alternativa ao aterrorizado e constrangido anfitrião a não ser chamar os profissionais do pinel, que enfiaram uma camisa de força no antigo maioral e atual pobre diabo, que foi arrastado jardim afora, até o portão de onde os convidados ainda ouviam uma estranha, ameaçadora e intrigante frase, que o lunático e possesso, insistia até sumir dentro da ambulância.

—Nós vamos voltar!

—Nós vamos voltar!

—Nós vamos voltar... Voltar...voltar... voltar...!

Ao término daquela cena dantesca, comecei a pensar como é tênue o fio que tece a democracia, necessário se faz, lutar por ela dia a dia mês a mês, anos a fio, enfim a vida toda, na tentativa que o autoritarismo, arbitrariedade, autocracia, prepotência e opressão sobrevivam mesmo que ainda existam bem vivas na em nossa memória, tanto faz, precisamos de todos.

E no final do inesperado e terrível acontecimento, fiquei olhando para todos constrangidos e depauperados, imediatamente lembrei-me de uma observação de um poeta, dramaturgo e ícone contra a tirania, Bertold Brecht:

"Existem homens que lutam um dia e são bons, existem homens que lutam um ano e são melhores, existem homens que

lutam muitos anos e são muito bons, porém existem homens que lutam toda a vida, estes são os imprescindíveis".

Esta narrativa é obra da mais pura ficção, qualquer semelhança com fatos, personagens e situações congêneres só pode ser aceita como infeliz coincidência, mesmo que alguém jurando de pés juntos, com a mão pousada sobre a Bíblia atestando ter vivido este descalabro, por favor! Pense. Terá sido apenas obra de um sonho terrível, um pesadelo distante ou resultado de uma mente imaginativa regada de fertilidade.

Muito embora, se você conhece alguém que tenha presenciado algo próximo, pela graça de Deus não hesite em estampar o nome do protagonista ou coadjuvante em praça pública pela garantia da sobrevivência, da justiça e da Democracia.

Achei uma constituição no lixo

Fico pensando humildemente "cá com meus botões" se houve alguma mudança substancial e determinante no Código Penal e também no Código de Processo Penal. Rezam princípios cristalinos e fundamentais: "*In dúbio pro reo*", expressão latina que literalmente significa, na dúvida, a favor do réu.

O princípio jurídico da Presunção da Inocência, que em caso de indecisão, hesitação, indeterminação, ambiguidade e confusão, gerando descrenças, favorece o réu. No mesmo diapasão, era claro e notório que as provas devem ser robustas e incontestáveis, sua insuficiência favorece o réu, cabendo ao autor de uma ação provar os fatos constitutivos de seu direito.

Caminhamos para o "Princípio do Contraditório e da Ampla Defesa", derivado da frase latina, "*Audi alteram partem ou audiatur et altera pars*", que significa, "ouvir o outro lado" ou "deixar o outro lado ser ouvido bem".

Outra expressão que virou adágio popular, "Todos são iguais perante a Lei", dito hoje, totalmente em desuso e sem absolutamente quaisquer serventias ou utilidades.

Vivemos mais que uma inversão e sim uma verdadeira subversão de valores e das garantias individuais, em absoluto desrespeito aos Direitos Fundamentais e, principalmente, um abuso e menosprezo pela nossa Carta Magna.

Tempos sombrios, densos, opacos e temerosos, com as instituições em decrépitas, inoperâncias, despidas de créditos junto à sociedade.

Hoje vivemos uma forma de governo onde exerce-se o poder sem respeitar a democracia, governando de acordo com suas vontades e com os grupos políticos que lhes pertencem e sustentam, em total desrespeito às leis, normas e condutas que norteiam a ordem democrática.

Assustado, fui sacudido pela lembrança e, absolutamente sem querer, transportado aos nefastos e sangrentos "anos de chumbo", em que imperava um governo déspota, com seu absolutismo, autocracia e tirania. Onde um certo senhor, travestido de Chefe da Nação, vociferava: "eu prendo e arrebento", "prefiro cheiro de cavalo do que de povo", e outras barbaridades e imbecilidades.

Portanto, liberdade é o grau de independência legítimo que um cidadão, um povo ou uma nação elege como valor supremo e ideal.

Puntel, a entrevista e o tempo

No ano de 1977, em um janeiro, mais precisamente no dia três, chegamos das Minas Gerais: eu, Ewaldo e Noel. Em um tempo em que era tradição para os ricos e "precisão" para os pobres tentar a vida em "um centro maior", como dizia nossa mãe.

Na minha terra, todos iam para a Capital, Belo Horizonte, e nós, graças aos parcos recursos nos bolsos, nos metemos em um "São Bento" e aqui aportamos, em um domingo à noite.

E aí correu muita água debaixo, sobre a ponte, e em cima das mesas de muitos bares: Cauim, Revista Geraes, cinema, Pinguim, Moa, Lanches Árabe, Guimarães Passos 103, Vila Seixas, Diretas Já, Teatro de Arena, Associação dos Artistas, Travessa Noel Rosa, Taís e muito mais.

Em uma manhã, fui convidado para compor um grupo de entrevistadores no "Templo da Cidadania", na missão orgulhosa de entrevistar um trio de ouro: Luiz Puntel, Chiavenato e Menalton Braff, para a Revista III Berro.

Engraçado que a ousadia e a blasfêmia não partiram do convite, e sim do absurdo do convidado em aceitar.

Me mandei para o Templo na companhia do Magrão e da Taís. O Magro sim, este com todos os motivos de sobra para estar lá.

Meio constrangido e com cara de quem "perdeu o trem", fiquei torcendo para que fosse como aquela brincadeira no grupo da escola, já tão longe em São Sebastião do Paraíso, onde dizíamos um para o outro:

—Caiu, caiu! Primeiro de Abril.

A roda de entrevistadores foi composta juntamente com este humilde escriba que vos fala, Sócrates, que dispensa apresentações, Clotilde Ferreira - Professora Doutora Psicologia USP-RP, Escritor Ademar Cardoso de Souza, Fernando Kaxassa - cineasta, Dr. Edmundo Raspanti - dramaturgo, escritor e médico, Dr. Odônio dos Anjos —engenheiro pela UNESP de Jaboticabal, Lúcio Mendes - Jornalista da Rádio 79 e TV THATHI, e Taís Roxo - advogada.

E eu, cabeça baixa, rezando, como quando menino dona Claudete chamasse outro para falar dos afluentes do Amazonas ou declamar Bilac.

Dito e feito: perplexo e meio tonto, o Odônio virou a cabeça para o meu lado, convocando-me para a lição, ou seja, abrir a entrevista.

Foi quando levantei a cabeça e vi o Puntel. Quase trinta anos pularam na minha frente, e me vi junto com o meu irmão, tímidos e aparvalhados, levando os originais do primeiro livro do Noel que o Puntel gentilmente concordou em prefaciar.

Ficamos tão desesperadamente felizes nos nossos parcos dezesseis e dezoito anos, que fomos direto para o "Bar do Gaúcho", saindo de lá pela madrugada, cantando, dançando, abraçados, bêbados, como nunca, subindo a rua Lafayete, rimando para a Vila Seixas.

No final da matéria, dirigi-me ao Puntel para cumprimentá-lo e abraçá-lo, quando ele me fitou, dizendo:

—Edwaldo. Li o seu artigo e fiquei rindo a noite toda.

Infelizmente, não pude dançar e cantar nos meus quarenta e poucos anos, não fui mais ao "Gaúcho" e muito menos rumei para a Vila Seixas. Senti um aperto no peito, os olhos marejados, uma lembrança de um tempo maior, onde eu era apenas "o irmão do Noel", na certeza de que a vida não seria apenas "uma fotografia esquecida na parede", lembrando do Poeta Maior que amávamos, e o querido Bosco Martins declamava de bar em bar "*Mas como dói*".

Simplesmente Mazinho

O seu nome é Waldemar Chubaci Filho. Para todos nós, simplesmente Mazinho, diminutivo carinhoso que certamente foi herdado de seu pai, o médico que foi exemplo de caráter e retidão na vida pública, Dr. Waldemar Chubaci.

Mazinho é destas pessoas honestas, quietas e silenciosas que fazem de tudo para não serem notadas. Porém, no andar da carruagem, tornam-se sempre o centro das atenções e principais personagens dos acontecimentos que a vida, bem ou mal, nos proporciona.

Bem, vamos a um deles:

Uma grande festa para o Raí na sua despedida do Paris-Saint Germain, com inúmeros eventos na capital francesa, presença dos grandes nomes do mundo da bola e do Jet set mundial.

De Sócrates a Platini, passando por Zico, Bebeto, Ruud Gullit, Márcio Santos, Leonardo, Dunga, Cafu, Aldair, Junior Baiano, Roberto Carlos, Ronaldo Fenômeno, Falcão, Cerezzo, Júnior, juntamente com Jacques Chirac, Catherine Deneuve, Alain Prost, Jack Lang e muitos mais.

Na véspera do jogo estava o Sócrates, em um daqueles maravilhosos e intermináveis almoços que sempre terminam na hora do jantar ou continuam noite afora, com a família e os amigos em um destacado restaurante parisiense.

De repente, uma porta se abre e quem adentra? Mazinho!

—Ô Mazinho, o que você está fazendo aqui? —com aquele jeito direto e gozador do Magrão.

—Pois é, eu estava lá em São Paulo, sem fazer nada, e resolvi dar um pulinho na festa.

—Pô! Um pulinho, Mazinho? Aqui em Paris.

Senta-se ao lado de todos e, depois de saborear uns *gourmandises* e um belo vinho francês branco, e bem no seu estilo "sem querer incomodar", pede ao Magro um ingresso para o jogo, no que ele prontamente atendeu.

Na véspera do jogo, foi realizado um encontro com os jogadores e alguns convidados em um tradicionalíssimo restaurante francês e dentre eles, quem se encontrava? Mazinho.

Logo após o almoço, ficou combinado que um conjunto de Vans levaria os jogadores e dirigentes ao Estádio Parc des Princes, palco do grande espetáculo marcado pelas estrelas do Paris Sant-Germain e dos campos do mundo, em uma verdadeira apoteose, ápice dos festejos na despedida de Raí dos gramados.

Mazinho, como sempre, ficou por último. Ao sair do restaurante, meio perdido, procurando um táxi, deparou--se com uma última Van com o motor ligado e o motorista

Na página anterior, a despedida do Raí do Paris Saint-Germain, no estádio "Parc de Princes" em Paris. Acima, Sócrates, Bebeto, , Mazinho entre outros.

desesperado, olhando o relógio, abrindo um largo e aliviado sorriso ao avistar quem? Mazinho!

E lá foi o nosso "Forrest Gump", pelas avenidas parisienses, sentado ao lado de Juninho Pernambucano, Cláudio Caçapa e Sony Anderson, rumo ao desígnio determinado, sei lá por qual divindade, com apenas um destino certo: a arena do jogo.

Quando o Magro adentrou o vestiário, uma surpresa, quem estava lá? Mazinho!

E não restou ao Doutor outra pergunta:

—Você vai jogar também?

E segue a grande arte, estádio lotado, câmeras por todos os lados, a mídia mundial presente, objetivas apontadas para os lances mágicos, registro de tudo e de todos, olhos e bocas no céu e no gramado o cintilar das estrelas em constelações.

E o Magro, depois de um banho de bola, resolve sair, dando lugar a outro craque, e foi caminhando devagar direto para o banco, prestes a assistir a uma cena inusitada e histórica, para não dizer "insólita", que arrisco descrever, buscando absoluta fidelidade ao que me foi relatado pelo próprio Magrão, em vários chopinhos em nossas tradicionais conversas no Pinguim.

Em pé, braços cruzados, estava ninguém mais do que ele, Ronaldo, Ronaldinho Fenômeno, o maior jogador de Futebol do mundo naquele ano. Sentado no cantinho do banco, ocupando o único lugar disponível, com as pernas cruzadas e olhar de "Príncipe de Gales", quem? Mazinho.

E o Magro, perplexo, balbucia:

—O Fenômeno em pé e ele sentado, é demais!

Chegando ao banco, percebeu que ele fumava com o cigarro escondido na mão em concha —quem foi fumante sabe como é. Pede uma tragada e o Mazinho:

—Não! Minha mãe pode ver.

Termina o jogo, uma correria para os hotéis, pois estava sendo preparada uma grande noite em uma famosa boate francesa. Casa fechada, ambiente seleto, somente para convidados especiais, onde jamais um não convidado seria capaz de passar em frente, nem mesmo vossa Santidade entraria sem convite.

Na porta, dezenas de flashes estouravam a cada segundo, limusines estacionavam de minuto a minuto, trazendo os ilustres convidados, pisando o tapete vermelho, lembrando a noite de entrega do "Oscar", com o início marcado pontualmente para as 22 horas.

Lá pela meia-noite, o Maitre dirige-se ao Magro e informa respeitosamente:

—Monsieur Socratês, carregando no francês, está lá embaixo o Monsieur Mazinhô.

O Magro deu uma sonora gargalhada e gritou, abafando o barulho da música dos champanhes pipocando:

—Além de bico, chega atrasado.

—Fala para o Monsieur Mazinhô entrar.

Os nus e mortos

Talvez a tênue linha que separa a ficção da realidade, a vida da morte, o justo do injusto, o bem do mal, seja mais perceptível e presente em nossos graves e descrentes dias. Pensando sobre a luta eterna e o confronto das palavras, acordei sem saber se era lucidez ou devaneio, pois me vi transportado aos bancos escolares e vi com perfeição as silhuetas de mestres como Sérgio Roxo, Willian Vanderlei Jorge, Seixas Santos, José Bíscaro, Valentin Carrion e tantos outros monstros sagrados do Direito e da Academia.

Naqueles tempos aprendemos com orgulho e o peito cheio, e vivíamos a declamar quase em coro diversas teses, artigos, jurisprudências, súmulas e todas a literaturas que não brotavam do Google, site ou blogs, emergiam das palavras

nos livros, com seu cheiro delicioso do papel e seu farfalhar das folhas ao serem viradas sob o brilhar dos olhos.

Hoje, assustado, vejo que já existem petições prontas, apenas cabendo ao dito cujo preencher a qualificação civil, um bruto absurdo. Petições brotavam das Remingtons e Olivettis, ao som gostoso dos batuques nas teclas. Os tempos são outros, com respeito, acato e aprecio.

"As pessoas têm medo de mudar", pelo contrário, tenho medo de que as coisas não mudem. Agora, petições que já surgem prontas, soa bizarro e decadente. Dias atrás recebi uma propaganda nas redes sociais de uma editora, "mil e quinhentas petições para todas as áreas", listando previdenciárias, cíveis, criminais, tributárias, trabalhistas e tudo o mais, inclusive com as devidas e competentes jurisprudências. Um verdadeiro atentado à pesquisa, conhecimento e o saber jurídico.

Voltando aos tais ditos, me vem à memória as vozes deles, com meus parcos 16 anos, "capiau", chegando de Minas Gerais, onde uma cidade lembrava um imenso turbilhão. Nunca havia

Na página anterior, as Arcadas da Faculdade de Direito da USP, São Francisco, em São Paulo, que está na foto acima.

visto alguém levantar a cabeça, olhar para um estranho aparelho pendurado em um poste de ferro, esperando perplexo e catatônico uma cor para atravessar a rua ou para se deter. Nunca entendi uma das três cores, que passava muito rápido e diziam significar atenção.

Assim aprendemos:

"Todos são iguais perante a lei", "o ônus da prova é de quem acusa", "as provas precisam ser robustas e incontestáveis", "direito ao contraditório", "presunção da inocência", "*in dubio pro reo*", "todo poder emana do povo e em seu nome é exercido", "ninguém será submetido a tortura nem a tratamento desumano ou degradante", "são garantidos os direitos à vida, à liberdade, à igualdade, à moradia e à segurança", "todo cidadão é livre, e pode recorrer à justiça, quando necessário for, sem ser oprimido", "são invioláveis a intimidade, a vida privada, a honra e a imagem das pessoas", "a lei não prejudicará o direito adquirido", "o ato jurídico perfeito é a coisa julgada", "a lei punirá qualquer discriminação atentatória dos direitos e liberdades fundamentais", e tantos outros que me enchem de saudades, apertam o peito e marejam os olhos.

Hoje, chegando na casa dos quase e imediatos "sessenta", observo com tristeza, melancolia, repugnância, torpor, desprezo e um lampejo de ódio que rasgaram a Carta Magna.

Com humildade vaticino e indago: que importância podem ter hoje o CP, CPP, CC, CPC, CLT e outras leis hoje, bobagens amenas, em absoluto desuso e ao sabor das traças?

Penso que é possível encerrar todos os cursos de ciências jurídicas pelo país. Não possuem quaisquer serventias e utilidades. Me lembrei imediatamente do João Cabral de Melo Neto, em "Morte e vida Severina": *"e aquele cemitério ali, branco na verde colina, decerto pouco funciona e poucas covas aninha"*.

Tenho pena das legendárias "Arcadas de São Francisco", chama viva da luta pela liberdade, a busca incansável do justo e do bem comum.

As Arcadas, hoje, são apenas uma lápide:

Aqui jaz!

Henrique! Um chopp no céu

Sempre me lembrarei do sorriso adentrando o Instituto do Livro, direto para a minha mesa, em passos tranquilos e iluminando o árduo dia com sua presença e sua pergunta e marca pessoal:

—Edwaldo, me conte alguma coisa boa.

Assumia o seu cantinho com sua presença amiga, quando lá pelo meio-dia, uma da tarde, rumávamos para nossos almoços na Cantina 605, Pinguim, Boi Bom, Cupim do Paulim e, recentemente, no Pitéus do querido Rubinho.

No final da tarde, com aquele sorriso arrebatador de quem possui o charme e o destino dos justos, com todo o seu poder de convencer e encantar, totalmente natural, sem pieguices ou como aquele chato de plantão que teima em insistir, persistir, pressionar ou ser inconveniente.

Nada disso, eu ficava esperando ansioso o momento exato em quem ele erguia os olhos do computador, virava-se com todas aquelas características que jorravam dele. Bonança, sossego, paz, equilíbrio, calmaria, remanso e serenidade, com um sorriso aberto, dizia com a voz em calmaria presente:

—Vamos ligar para o Ewaldinho Arantes e pendurarmos uns chopinhos no...

Não conto o santo, só os milagres.

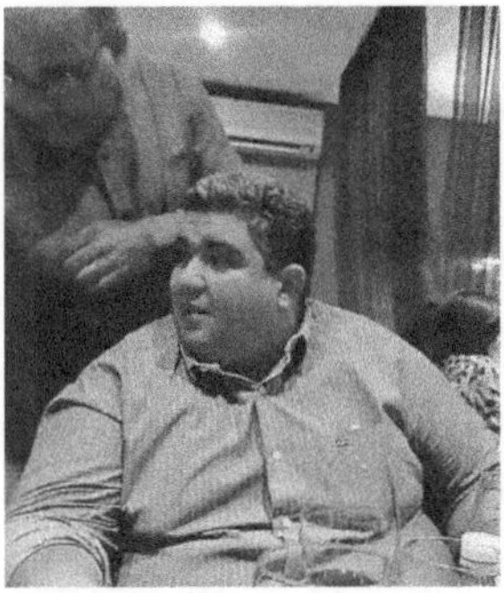

No alto, nas duas imagens, Henrique Dias, Edwaldo Arantes e Prof. Deonísio da Silva. Acima, Henrique e Edwaldo no Rio de Janeiro. Ao lado, Henrique, Edwaldo, Andre Luiz da Silva e Helena Agostinho. Na última, Henrique, Edwaldo, Silvana Marques e Nando Antunes, no lançamento do Livro de Nando "Clube dos Vitalícios", no Rio de Janeiro.

Uma alegria eterna. Um cara que nunca tinha lágrimas e caretas. Um homem menino, livre e cristalino, coisa de quem não possui pecados e nunca fez mal a ninguém. Todo mundo para ele era bom. Fomos ao Rio, abraçarmos Nando Antunes, eu, bafudo doente, a pedido dele em seu absoluto despojamento, entreguei a eterna camisa do Magrão ao Nando.

Era um arquipélago de amigos, dos imortais: Deonísio da Silva, Anna de Hollanda, Joaquim Botelho, Levi Bucalem Ferrari, Nando Antunes, Sérgio Roxo, Reginaldo Arthus, e tantos outros monstros sagrados e, também de nós, pobres mortais.

Era costume, antes dos chopinhos, migrarmos para a Cava do Bosque, Secretaria Municipal dos Esportes, iniciando umas conversas, falando de tudo e de nada com os amigos queridos, Guerra, Dado Batista, Dezordo e quem mais viesse.

Minha homenagem e gratidão passam pela pena do poeta:

Irene no Céu
Irene preta
Irene Boa
Irene sempre de bom humor.
Imagino Irene entrando no céu:
—Licença, meu branco!
E São Pedro bonachão:
—Entra, Irene. Você não precisa pedir licença.

(MANUEL BANDEIRA, "ESTRELA DA MANHÃ", 1936).

"E a saudade, ohhhhhhhhhhhh".

O Sr. Zé do Caixão e a hospitalidade mineira

José Mojica Marins, talentoso, brilhante cineasta, ator, diretor, produtor e escritor que ficou famoso por incorporar seu apelido, "Zé do Caixão", que brilhou por muitos anos em suas películas que buscavam no terror divulgar o cinema e torná-lo popular e acessível a todos, principalmente aqueles distantes dos bens culturais.

Suas produções fizeram sucesso tanto no Brasil como internacionalmente, tornando-se conhecido em diversos países e em todo o nosso território nacional. Uma das particularidades de Zé do Caixão que chama mais a atenção do público é o fato de ter mantido suas unhas grandes por muito tempo, chegando a ficar 35 anos sem cortá-las. 'Foi em 1963 que o cineasta cria Zé do Caixão, a figura que o deixaria conhecido no mundo todo'. A primeira aparição de Zé do Caixão aconteceu em *À Meia-Noite Levarei Sua Alma*, longa de 1964 que recebeu vários prêmios e integra a lista dos 100 melhores filmes brasileiros.

Na distante década de 80, mais precisamente em 1983, ele veio a convite do Cineclube Cauim para um festival com a duração de uma semana, o Zé era daqueles convidados que não tinham muita pressa em se despedir. Ficou hospedado na casa do Fernando Kaxassa, um dos fundadores e Presidente do Cauim, durante um tempo indeterminado, acabou mudando-se para a minha residência na rua Guimarães Passos, 103, Vila Seixas, onde residimos eu e meus irmãos, Ewaldo e Noel, além da Dona Gê, nossa segunda mãe e primeira em Ribeirão Preto, pois minha mãe ainda lecionava em Minas e vinha nos finais de semana para nossa casa. Local muito conhecido pelos escritores, artistas, jornalistas e boêmia.

No sentido de alegrá-lo e demonstrar a alegria em tê-lo como hóspede, recebi-o com uma garrafa de "Stolichnaya", destacada Vodka Russa, bebida preferida e amada por ele.

De acordo com o Kaxassa, um presente que deveria cair em desuso em poucos minutos, devido à sede de anteontem dele. O Mojica tinha suas peculiaridades, costumes e manias, acordava sempre cedo, ficava esperando o relógio andar e rumava para um restaurante no Centro, o "Restaurante e Choperia JR" sob a administração do querido parceiro e patrocinador das propagandas do Cineclube, Peninha. O restaurante abria suas portas às onze horas, mas o Zé podia entrar às oito com a graça e amizade da gerência.

A semana foi passando e no sábado minha mãe, que chegava sempre às sete horas, pegando "São Bento" em São Sebastião do Paraíso, às cinco e meia. A cozinha da nossa casa ficava bem em frente à escada, onde ficam o sanitário e três quartos do sobrado. Bem, minha mãe estava passando o café, quando o Mojica desceu as escadas, paramentado como sempre, cartola, roupa preta com capa e aquelas unhas dobradas e intermináveis, surgiu.

—Bom dia, minha senhora.

Minha mãe mineira e sagaz, tentando não demonstrar susto ou outra manifestação que deveria ser de pavor, quase

Edwaldo Arantes e José Mojica Marins, o "Zé do Caixão"

desespero, católica praticante, respondeu sem tremer o queixo:

—O senhor aceita um café?

O Zé que naquela hora já estava tomando um Chopp acompanhado de uma "Wyborowa", não decepcionou, aceitando prontamente o oferecido.

Sentaram-se e iniciaram uma prosa que não sei e nunca soube os assuntos que foram discutidos ou as palavras trocadas.

O Canarinho, em um final de tarde, estava com ele em uma entrevista marcada para o JR, com uma bela jornalista, quando o Zé com suas mesuras e amabilidades, solicitou uma licença, dirigindo-se ao sanitário. A jornalista aproveitou e perguntou rapidamente ao Canário:

—Como ele faz para segurar o copo com estas unhas? Ele, sempre rápido e espirituoso, respondeu: —Segurar é fácil, o duro é largar.

Eudóxia de Barros e um piano sob as árvores

No ano de 2000, em janeiro, fui nomeado para ocupar o cargo de Diretor dos Museus de Ribeirão Preto. Minha sede ficava no complexo dos Museus Histórico e do Café. O Museu Histórico e de Ordem Geral "Plínio Travassos dos Santos" localiza-se dentro da Universidade de São Paulo-USP/RP, um local bucólico rodeado de uma área onde se destaca uma mata, formada por um conjunto botânico com as mais diversas e raras representantes da nossa flora. Ainda em 1950, o Município recebeu por empréstimo a casa sede (antigo Solar Schmidt) da Fazenda Monte Alegre. Este imóvel e a área circundante foram posteriormente doados (em regime de comodato) ao Município mediante autorização legal datada de 1956 e escritura lavrada em 05 de janeiro de 1957.

Em 28 de março (data em que se comemorava o aniversário da cidade) de 1951, instalado definitivamente no antigo Solar Schmidt, o Museu foi inaugurado, com as seções: Artes, Etnologia Indígena, Zoologia, Geologia e Numismática. Em 1940, a fazenda foi adquirida pelo Governo do Estado de São Paulo que, em 1942, instalou nela a Escola Prática de Agricultura da Universidade de São Paulo. Bem, depois das justas informações, vamos a Eudóxia de Barros.

Comecei uma negociação direta com um dos mais importantes nomes da música instrumental do Brasil, Eudóxia de Barros. Ela estudou com Guilherme Fontainha, Magda Tagliaferro, Nellie Braga, Lina Pires de Campos e o compositor brasileiro Osvaldo Lacerda, com quem viria a se casar em 3 de setembro de 1982. O professor Osvaldo Lacerda faleceu em 18 de julho de 2011. Eudóxia de Barros aperfeiçoou-se na França, Estados Unidos e Alemanha. Venceu por unanimidade o concurso para solista da North Carolina Symphony e foi solista da Cleveland Philharmonic Orchestra. Minha ideia era montar uma programação onde ela se apresentaria no sábado no majestoso Theatro Pedro II, um dos três principais teatros de ópera do país, e no domingo, apresentação no complexo dos museus, histórico e do Café, em um pequeno palco sob as árvores do riquíssimo conjunto.

Uma pessoa séria, competente e dedicada, o convencimento foi longo.

—Senhor Edwaldo, eu me apresentei nas mais diversas e importantes salas do mundo, nunca toquei em um ambiente aberto, me envie fotos.

Com as fotos enviadas, as negociações ficaram ainda mais difíceis, mesmo com a beleza esplendorosa do lugar, que é uma mata com muitas árvores. Com muita paciência e a insistência mineira, fechamos o contrato.

Apresentação de gala no Theatro Pedro II foi um sucesso estrondoso, e no domingo seria o grande dia para a população assistir a dama da música. No local funcionava um projeto denominado "Café da Manhã com Chorinho

Eudóxia de Campos Barros.

no Museu", onde um conjunto se apresentava e os casais dançavam ao som das notas e protegidos do sol pelos arvoredos. Tudo muito romântico e bucólico, quem teve o privilégio e a sorte de ter estado lá, provavelmente nunca mais se esqueceu e fez do seu domingo um exercício de sensibilidade e abertura do coração.

Às onze horas da manhã, na presença do Prefeito, Secretário da Educação, da Cultura, Presidente da Câmara, vereadores e figuras de destaque na sociedade, que tenho certeza nunca passaram por lá e nem sabiam da existência dos suntuosos museus, as pessoas começaram a chegar. Carros estacionaram, surgindo de todos os cantos da cidade por todos os lados. As pessoas chegando parecia uma imensa procissão adentrando a USP/RP, umas três mil pessoas.

Eudóxia surgiu em um vestido esvoaçante, cumprimentou a todos com um leve gesto, se ajeitou no banco e assistimos a uma das mais belas passagens da vida. Ela começou a executar o "Hino Nacional" e um silêncio assombroso se apossou do local. Não se ouvia nem uma folha. De repente, no auge da música, em um momento mágico e divino, folhas e flores começaram a cair sobre ela, que impassível, dedilhou até o final.

Aconteceu uma catarse, olhares emocionados, perplexos, sem conseguir entender nada, apenas ficaram maravilhados. Tudo muito romântico e bucólico, quem teve o privilégio e a sorte de ter estado lá, provavelmente nunca mais se esqueceu e fez do seu domingo um exercício de sensibilidade, voltando para casa com o coração em chamas, cheio de ternura e agradecimento.

Lúcifer e seu banquete eterno

Quando escrevo, penso sempre em uma infância, um bucólico entardecer, uma manhã de domingo ou um amor sonhado e esperado. Mas hoje, falarei de responsabilidades, daqueles que perderam a sensatez, seriedade, juízo, consciência, critério, tino, razão, retidão, discernimento, equilíbrio, ou como dizia minha mãe, a cabeça. Venho falar de cerca de 640.000 mortes, covas e sepulturas. Não vou cobrar os ignaros, aqueles que não tiveram acesso ao saber e ao poder de escolha. Venho responsabilizar aqueles que contribuíram para ungir um genocida, déspota assassino e sanguinário ao mais alto grau do comando de uma nação.

Aqueles "letrados", pertencentes a uma elite reacionária, conservadora, tradicionalista e retrógrada. Uma classe média querendo ser rica, ou aqueles cordeiros áulicos, buscando um lugar ao Sol. A história nunca os esquecerá, não adianta limpar o sangue das mãos com seus detergentes, águas sanitárias, pois o vermelho dele já impregnou suas almas e elas não são laváveis.

Permaneçam e continuem beijando imagens, rezando os Padres Nossos, ralando joelhos com suas "Pierre Cardans", seus donativos, nos templos, catedrais e igrejas. Depois, comemorem o domingo com suas risadas, escárnios e dólares em um restaurante de luxo. Onde estão vocês?

Coloquem a garganta de fora, berrem por um tal de mito. Sarcófagos só pertencem às múmias dos Faraós, mas os milhares de cadáveres já estão creditados na contabilidade dele e de vocês. O balanço do Belzebu só possui débitos.

Elevar um assassino, torturador e lunático à glória é como adorar o diabo, que tenho certeza, espera por ele e todos aqueles que o seguiram, como quem busca água na fonte, mas só havia sangue e, tenham certeza, o banquete de Lúcifer não acaba nunca.

Parem com esta história que "eu não sabia". A ignorância não lhes cabe. Fizeram com a consciência de quem compactua com os ditadores e tiranos, que batem no peito e vociferam: "Sou de direita". As vidas humanas não escolhem direções e vocês só deram a elas a opção da tumba, sarcófago, jazigo, tumba ou mausoléu, ou apenas uma cova rasa, com um número, sem nome.

Sou benevolente, amável, solidário e apenas espero que o inferno os receba. Não desejo as chamas que nunca vão apagar envoltas em seus corpos, apenas que possam cozinhar em banho-maria, pela eternidade.

A Pátria, a Mãe Gentil, o Setembro e a Mala

A vida sempre nos reserva momentos inesquecíveis, só podem ser vividos em uma mesa regada de prosa, comidinhas e muito álcool, não existem verdades sem o torpor.

Em uma imensidão de palavras, gestos, opiniões e bobagens, encontrava-me ao lado de um casal muito amado, David Ranieri Bulgari, meu editor, e a querida esposa Regina Bulgari.

Como sempre e infelizmente falávamos do Brasil, "Já podeis da Pátria..." que na distante infância fazíamos troça; "japonês da Pátria" hoje, acabada, esquecida e enferma, manchada de um 7 de setembro qualquer, dia que me lembro de tocar tambor e ver os cavalos enchendo de fezes as ruas, sob os gritos histéricos de uma classe média insana e eternamente ignara, aplaudindo áulicos, sanguinários e ditadores.

A nossa "Mãe Gentil", pátria amada e fétida de usurpadores, montanhas de dinheiro, de instituições falidas, de malas e corruptos.

O álcool ainda bem, nos leva a devaneios, sonhos, misturas, sorrisos, palavras em vão, descompromissos e, principalmente, uma profunda solidariedade e cumplicidade dos amigos no altar ungido de uma mesa.

Entre palavras e ilusões etílicas começamos a discorrer sobre a importância da mala, antigamente símbolo de despedidas e reencontros nas estações da vida.

David Ranieri Bulgari, Edwaldo Arantes e Maria Regina Rodrigues de Almeida

Continuamos discorrendo sobre um assunto tão importante e decisivo nas nossas vidas diante da palavra MALA, após muitas tagarelices, levantei-me trôpego, *"allegro ma no troppo"*, fitei o David com seu sorriso imenso ao lado da elegância da Regina e balbuciei;

—Escreva sobre a mala!

Hoje, ao abrir a correspondência virtual, assim estava escrito:

"Liberdade, liberdade, há malas por trás de mim."

Quanto devo por ter dito que a mala seria mais importante que tudo que na vida tive.

Guardo no fundo tudo que tenho, produto das minhas conquistas em ti e nada mais do que a mala.

Incompleto, me sinto longe de ti e, preocupado com as circunstâncias por tê-la e outros a exporem quando somente eu fazia de ti meu sustento, meu alento, meu deposito infinito. Cheia das virtudes que perdi na vida. A mala sempre foi para mim mais do que sustento.

Insensíveis adentraram nosso esconderijo expondo sua beleza rara que poucos podem ter".

Somente em ti poderia haver tanta riqueza, de tirar o sono só de pensar em perdê-la.

Como é bom "amá-la!".

A poesia e a sensibilidade para entender e traduzir, transformando em sentimento os dissabores diabólicos da realidade.

Um forte abraço ao David e Regina.

Edwaldo Arantes: O Cavaleiro da Cultura

Joaquim Maria Botelho

Menalton Braff, escritor que admiro profundamente, e a quem convidei para assumir a recém-criada Diretoria de Integração Nacional, quando tomei posse na presidência da UBE —União Brasileira de Escritores (em março de 2010), telefonou-me um dia, avisando que tinha entrado em tratativas para que realizássemos em Ribeirão Preto o Congresso Brasileiro de Escritores. Era um sonho nosso, visto que o último congresso havia sido realizado em São Paulo, em 1985. Ou seja, quase 30 anos antes.

Naturalmente abracei a ideia, e dias depois segui para Ribeirão Preto, ainda sem saber como e em que condições poderíamos imaginar a realização do congresso. A estrada não me foi de todo favorável e cheguei à Prefeitura em cima da hora da audiência com a prefeita Dárcy Vera. Menalton me esperava ao pé da escada e já subimos para a sala de espera do gabinete. Fui apresentado a um funcionário educado e cordial, muito prático em todos os assuntos, que se apresentou como Edwaldo Arantes, presidente da Fundação Instituto do Livro de Ribeirão Preto.

Quase não pudemos conversar, porque em seguida fomos chamados para a audiência. Um encontro breve e objetivo, sintetizado num convite da prefeita: “Ribeirão Preto

Joaquim, Menalton e Edwaldo em encontro com a Prefeita.
Ao lado, Menalton Braf, Ewdaldo e Joaquim

quer sediar o Congresso Brasileiro de Escritores da UBE. O senhor aceita?". Naturalmente aceitei e tive o prazer de ver indicado como representante da prefeitura na organização do evento, o cavalheiro que eu acabava de conhecer.

Terminada a audiência, saímos, Menalton, Edwaldo e eu, a caminhar pelos pontos centrais da cidade, trocando impressões e firmando as condições de parceria. Já ali eu ficava amigo de Edwaldo Arantes, sujeito expedito, experiente, conhecedor dos labirintos do governo e querido de todos. Foi um facilitador para todos os contatos que se fizeram necessários para que o evento se realizasse. Foi quem me apresentou Reginaldo Arthus, intelectual de primeira grandeza, educador como poucos e eficiente vice-reitor do UNISEB, que foi o principal responsável pelo sucesso do Congresso Brasileiro de Escritores de 2011.

Fui conhecendo, ao longo do congresso e nas visitas que fiz à cidade, posteriormente, o trabalho de Edwaldo na promoção da leitura, no incentivo aos autores locais, inclusive facilitando edições de livros, na realização de eventos culturais, principalmente voltados para a literatura, e na sua destreza e eficiência no estabelecimento de parcerias culturais com variados segmentos da sociedade ribeirão-pretana.

Voltei muitas vezes a Ribeirão Preto, para dar palestras e participar de mesas literárias nas edições da Feira Internacional do Livro e outros eventos ligados à leitura e à literatura. Em todas as vezes, contei com o apoio e a amizade de Menalton e Edwaldo. Lamento, apenas, hoje, que a contribuição de Edwaldo Arantes para a cultura da cidade não esteja sendo considerada necessária. Injustiça enorme a esse cavaleiro da cultura.

Reinaldo "Rei", Afonsinho e Nando Antunes

Realizamos um evento muito especial para jovens no Cineclube Cauim. A atividade contou com as presenças marcantes e especiais de Reinaldo "Rei", ex-craque do Atlético Mineiro e um dos jogadores mais importantes da história, Afonso "Afonsinho", ex-craque de diversos clubes brasileiros como Vasco da Gama, Santos, Flamengo, América/MG, Madureira e Fluminense, e Fernando Antunes, conhecido como "Nando Antunes", que jogou pelo América/RJ, Madureira, Ceará e Belenenses em Lisboa, Portugal.

Nando Antunes merece um reconhecimento de todos os brasileiros. Perseguido duramente pela famigerada e déspota ditadura militar que envolveu a família Antunes, principalmente, seus irmãos, Eduardo Antunes Coimbra, o Edu; José Antunes Coimbra Filho, o Antunes, e Arthur Antunes Coimbra, o Zico, consagrados atletas do nosso glorioso futebol.

Vale a pena ler e conhecer sobre os períodos duros, obscuros e despóticos vividos pelo país.

Retornando ao evento, este também contou com a presença de ex-craques do Comercial e Botafogo, além de outros convidados do mundo do esporte e da cultura. Cerca de mil jovens, alunos da rede pública municipal, estiveram presentes. Os ex-jogadores proporcionaram palestras sobre o uso de drogas, a importância dos estudos e da educação, o incentivo à leitura e ao livro, tudo em busca do crescimento, da formação intelectual e do alcance da verdadeira e justa cidadania.

No final da cerimônia, realizamos um sorteio com camisas oficiais de diversos clubes, bolas e artigos esportivos, doados pelos próprios jogadores e empresários.

Na manhã seguinte, tivemos um encontro na Rádio CBN/EPTV/GLOBO em um interessante e destacado "Programa Esportivo", apresentado pelo radialista Luis Claudio Alba. Reinaldo contou os mais hilários "causos" vividos por ele, arrancando risadas de todos.

Vou compartilhar um desses causos:

O Máster do Atlético Mineiro estava se apresentando em uma cidade no Norte de Minas, em pleno Sertão Mineiro, como diria o genial Guimarães Rosa, "O Sertão é o mundo".

Reinaldo, devido a compromissos, não foi de ônibus com o time, mas sim de carro no final da tarde. Chegando ao hotel, que servia comida mineira, cansado pela longa viagem, Reinaldo pediu uma cerveja e solicitou o jantar atrasado. A proprietária foi logo providenciar um banquete com lombo, linguiça, arroz branco soltinho, feijão tropeiro, torresmo, mandioca frita e couve na manteiga, afinal, era o "Rei".

Nesse exato instante, entrou no pequeno refeitório um rapaz de baixa estatura, com nanismo, que se dirigiu diretamente à mesa de Reinaldo, se apresentando:

—Boa noite! Eu sou o Pitoco e vou enfrentar você amanhã. Já te advirto que aqui não farás gol. Se estás acostumado a "deitar e rolar", aqui, não!

Projeto Futebol e Literatura: Nando Antunes, Reinaldo "Rei" e Edwaldo Arantes. Novamente Rei, Carlos Caparelli, Edwaldo e Afonso Celso Garcia Reis (Afonsinho). Na página seguinte, Edwaldo, Luiz Cláudio Alba, Nando Antunes, Cristhiano Lelé, Gisele Batizoco, Reinaldo e Adalberto Valadão.

Reinaldo, com fome e a refeição sendo servida, meio irritado, apenas olhou para o Pitoco, exclamando:

—Veremos! Agora quero me alimentar e dormir. Boa noite!

No dia seguinte, a cidade estava em festa, fogos estourando, alto-falantes em alto volume, bares lotados, cadeiras na calçada e as normais provocações, desafios e apostas, tudo na mais pacífica e solidária aura mineira.

Às 15 horas, o time maduro do Galo se dirigiu ao campo, arquibancadas de madeira e as balizas em "terrão". O juiz, claro, nascido naquele torrão natal. No vestiário, Reinaldo, Dário, João Leite, Paulo Isidoro, Éder, Luisinho, Vander, Heleno e tantos outros que fizeram a história do "Galo Forte e Vingador".

Ao entrar no campo pelo túnel escuro e estreito, Reinaldo na frente, subiram as escadas adentrando o

gramado. Os jogadores fazendo o costumeiro aquecimento, quando Dario chegou perto do Reinaldo e perguntou:

—O que é aquilo?

Uma cena hilária e cômica acontecia. Bem em cima da trave do gol de entrada, estava o "Pitoco", todo vestido de preto, correndo de uma trave a outra, indo e voltando diversas vezes. Reinaldo comentou:

—Ele esteve lá no hotel ontem me incomodando. Não sabia que era o goleiro. Hoje uma dúzia é pouco.

O árbitro apita e a partida começa. O Galo começa a mostrar um toque de bola envolvente. Em uma falta próxima à grande área, Reinaldo ajeita a pelota. Ele lembra do jantar da noite anterior, dá um sorriso interno e maroto. Cobrando a falta, acontece uma cena inusitada: o Pitoco, o goleiro adversário, faz uma parábola no ar e desce com a bola junto ao peito, como se estivesse fazendo acrobacias.

O prélio continua, o Atlético cria várias oportunidades, todas elas terminando nas mãos, pés e até na cabeça do Pitoco. O Galo manda uma sequência de ataques nos minutos finais, mas o Pitoco pega até pensamento e segredos de viúva.

Com o orgulho ferido e a humilhação à vista, o Galo se lança para o ataque faltando 10 minutos para o final da partida. A partir desse momento, a partida é toda do Pitoco. O jogo termina com um empate, e o Pitoco se destaca como o herói do dia.

Os jogadores do Galo, cabisbaixos, retornam ao vestiário, ainda ouvindo a voz do Pitoco do outro lado do campo, gritando:

—Aqui não! Nunca! Aqui jamais. Vá fazer gol no Mineirão e no América, Reinaldo.

Um momento para relembrar, uma história engraçada que revela a paixão e a imprevisibilidade do futebol.

Rolando Boldrin: uma amizade inesquecível

Nos domingos de sol e calor em Ribeirão Preto, sempre tomamos nosso café da manhã em uma simpática, agradável e sortida padaria perto do nosso apartamento. Em um desses domingos, ao chegarmos à padaria, uma surpresa: na mesa ao lado estavam Rolando Boldrin, a esposa e a filha.

Sempre fui fã incondicional do Boldrin, desde a época como ator em novelas, que foram muitas, com destaque para "O Direito de Nascer" e "Mulheres de Areia".

Há muito tempo estava tentando um contato com ele na perspectiva de trazê-lo para a Feira do Livro. Me dirigi até a família, me apresentei com escusas pelo momento de tranquilidade e intimidade da família. Boldrin foi muito amável, começamos uma conversa, ele pediu que juntássemos as mesas e as duas famílias estavam juntas.

Engraçado que tivemos uma empatia imediata. Foi o café da manhã mais longo que estive e participei. Nascia ali uma amizade muito forte. Depois de explicar sobre a Feira, que eles conheciam pois sempre estavam em São Joaquim da Barra, cidade muito próxima à nossa, onde, por coincidência, inaugurei a pedido da Prefeita Marlene uma Feira do Livro na terra natal dele, que é sucesso até hoje.

Na despedida marcamos um encontro em São Paulo na TV Cultura, onde falaríamos com mais detalhes sobre a possível participação, o que o deixou entusiasmado.

Em São Paulo, fechamos a sua participação, que incluiria uma apresentação dele no *Theatro* Pedro II, o lançamento de um livro e um Café Filosófico. Rolando, um dos artistas mais dedicados e competentes que conheci, cuidava pessoalmente de tudo, inclusive da montagem do palco, iluminação e até do camarim.

Iniciamos, pela diretoria da Feira, um esquema de mídia sobre ele. O Instituto possuía o "Patrocínio Oficial" de uma empresa de ensino superior bastante famosa, o Sistema COC de Ensino, que também era formado por um complexo de comunicação, Sistema THATHI de Ensino, Rádios CBN, BAND AM e Rádio 79. O patrocinador, com a competência de sempre, com seus profissionais altamente capacitados, cuidou de tudo: cartazes, mídias nos principais meios de comunicação, entrevistas e todo o apoio.

Sócrates, parceiro e amigo querido, juntou-se a nós. Atuava como apresentador em um programa de televisão chamado "Papo com o Doutor", no qual Boldrin fez sucesso.

Bem, vamos ao grande dia ou à grande noite. Ônibus e carros começaram a chegar de toda a região, principalmente de São Joaquim da Barra. O Theatro Pedro II, um dos três teatros de ópera mais importantes do país, com lotação de 1.700 pessoas, estava totalmente lotado. Tivemos que armar um telão na sua esplanada para quem não conseguiu entrar, devia ter umas sete mil pessoas.

Rolando Boldrin e Edwaldo Arantes

No seu show, entrecortado por piadas e "causos", havia momentos de absoluto silêncio, onde não se ouvia o mínimo ruído quando ele começava a declamar.

Em um momento monumental destes, o silêncio avassalador, um casal de idosos começou a tossir. A esposa não teve dúvidas e advertiu:

—Não vá tossir! Fique quieto, velho! Aguente! Quer nos matar de vergonha?

A esposa sem saber que a acústica fantástica do teatro captou e ecoou em alto e bom som. Uma gargalhada geral, inclusive do genial poeta, prosador, cantor, cantador, músico e ator que não coube em si, soltou uma sonora risada e continuou. Sucesso magistral e absoluto.

Um aniversário totalmente inesperado

Quando completei quarenta anos, em um dia distante, 19 de maio, ganhei um presente da Taís e da Marina realmente único e inesquecível. Tínhamos um Chevrolet modelo Blazer verde. Despertei muito cedo, como sempre, e uma surpresa me aguardava: as duas já estavam de pé. Recebi um "Parabéns" cantado às seis da manhã, e já tinha recebido o primeiro à meia-noite. Eu sempre fazia as malas das duas e carregava o veículo. A Taís era a motorista - por sinal, dirige muito bem. Chegou até a ser aplaudida por um grupo de pessoas em uma baliza, quase impossível, em frente a um bar.

Confesso: só dirijo minha vida. Quase sempre com muitos percalços e acidentes - ainda bem que até hoje permaneço vivo. Tomamos café. Indaguei: "Nosso café vai ser na estrada? ". Descemos pelo elevador, eu sem entender "bulhufas", a perua já estava carregada, inclusive com a minha mala feita. Tomamos o caminho da Avenida Brasil, uma das saídas da cidade. Imaginei: deve ser algum clube, alguma pousada aqui por perto.

Passamos pela terra de Cândido Portinari, Brodósqui. Seguindo em frente, passamos por Batatais, Altinópolis e nada. Passamos pela Capital Nacional do Chancliche, uma cidadezinha na fronteira de São Paulo com Minas Gerais, e nada. Entendi na hora. Era então São Sebastião do Paraíso - minha terra e onde moram meus familiares. Da fronteira até a cidade são 21 km, rodeados de cafezais que se perdem de vista. Uma serra íngreme com curvas sinuosas, até que avistei a placa de 5 km que terminavam em uma curva extremamente difícil e perigosa, chamada de "Curva do Sorriso".

Uma vez perguntei a causa do nome, meus amigos, moradores de lá, explicaram: "É porque assim que você passa por ela, aparece Paraíso lá embaixo e você sorri." Concordei na hora, mas passamos pela cidade em direção a outra placa que avisava: "Belo Horizonte", 430 Km. Não perguntei nada, pois não adiantaria e a Marina só ria, fazendo uma carinha de suspense.

O último lugar que provavelmente imaginei que iríamos é uma linda propriedade de uma família de amigos, muito queridos desde a infância. Uma água que trata uma série de moléstias, uma piscina onde, quando você mergulha, mexe nas pedras e vê a água borbulhando e subindo. Pousada Fortaleza, um km, pensei, chegamos. E nada, passamos com destino a Pratápolis, Itaú de Minas, Passos, Furnas, Piumhi, Divinópolis, tudo passando. Mais uma placa: Belo Horizonte, 124 km. De estrada e mais estrada, minha última tentativa: Belo Horizonte, é claro! A maior parte dos meus familiares residem lá. Também morei lá na minha tenra infância. Só podia ser lá. Mais placas, 40, 30, 20, 10 km. Ela passou pela capital mineira, avistei uma placa linda, fez meu coração encher de felicidade e júbilo: Ouro Preto, 96 km.

Tinha certeza, era o meu presente de 40 anos. Neste momento, o comando das indicações era meu, permanecendo praticamente calado durante o trajeto, só pensando, divagando e confabulando. Acordei do sonho e fiz um pedido: vemos passar e parar em "Congonhas do Campo", estrada sobe, estrada desce, lembrando o desenrolar de um novelo e as paredes do "Santuário da Pampulha", obra do mestre Niemeyer e suas curvas. Chegamos a Congonhas, direto para a igreja onde estão esculpidos os profetas. Uma volta rápida pela cidade, visitando a "Santuário do Bom Jesus dos Matosinhos" com os profetas esculpidos em pedra sabão pelas mãos do incrível escultor e artista mineiro "Aleijadinho".

Após a maravilhosa visita, rumamos para o destino sagrado, Ouro Preto. Mais uma placa: Ouro Preto, 57 km. O coração aos pulos, tremendo de emoção, um rosário desfiando pela minha cabeça. Quando a derradeira placa, Ouro Preto, 5 km. A Taís é muito criteriosa e sensível na escolha dos hotéis, pousadas, pensões e hostels.

Chegamos a uma pousada simples e deslumbrante de beleza singular e singela, com floreiras nas janelas e uma escada secular. Tudo muito perfeito e lírico, no Centro, a poucos metros da "Estátua de Tiradentes", coração de Ouro Preto, "Casa dos Contos", UFOP - Universidade Federal de Ouro Preto, "Restaurante Profeta", Casa do Poeta e inconfidente "Tomás Antônio Gonzaga". No último pavimento, você consegue enxergar a casa de "Marília de Dirceu", que ele olhava das suas janelas e apaixonou-se perdidamente:

"De amar, minha Marília, a formosura
Não se podem livrar humanos peitos.
Adoram os heróis; e os mesmos brutos

Aos grilhões de Cupido estão sujeitos.
Quem, Marília, despreza uma beleza,
A luz da razão precisa;
E se tem discurso, pisa
A lei, que lhe ditou a Natureza" ...

Existe um restaurante que adoro, localizado no final de uma ladeira bem acentuada, culminando em frente à famosa "Feira de Pedra Sabão". Lá, você escolhe uma mesa na janela e fica vendo as montanhas. A Taís, no almoço, me segredou que o jantar de aniversário seria no "Profeta", com seu zelo e atenção. Ela fez a reserva por telefone. Também falou sobre a viagem/presente de aniversário: "Nada poderia ser tão marcante, então resolvi te dar Minas."

Para não perturbar o jantar, ficamos nas linguiças, porção de lombo, couve manteiga e pão de queijo. Pedi um vinho francês branco gelado. Apesar do frio, a Má pediu suco de uva e as duas foram ver o famoso ateliê do proprietário. Ao sair, visitamos algumas igrejas e seus altares seculares em ouro, e as imagens sacras esculpidas pelo gênio Antônio Francisco Lisboa, o "Aleijadinho". A Marina só perguntava: "É tudo ouro?" Eu, jocosamente, respondi: "Sim, minha filhota amada, quase não tem mais ouro, os portugueses roubaram tudo." Ela ficou brava e respondeu: "A avó Isaura vai ficar brava e triste com você." Dona Isaura era uma autêntica portuguesa, casada com um português de Cascais, que veio rapazinho para o Brasil. Pedi desculpas na hora, gostava demais dela.

Edwaldo e sua filha, Marina Roxo Fonseca Arantes - Ouro Preto, Minas Gerais

Visitamos a Basílica de Nossa Senhora do Pilar, Igreja de São Francisco de Assis, Igreja de Nossa Senhora do Carmo, Santa Efigênia dos Pretos e terminamos a “turnê” na “Casa dos Contos”. Além da localização privilegiada - o casarão “Casa dos Contos” fica no início da Rua São José, o principal ponto comercial de Ouro Preto - a construção teve nomes importantes em sua história. Os tetos do local foram pintados, por exemplo, por Manoel da Costa Ataíde. Manoel foi um dos principais pintores e decoradores do barroco-rococó do país.

A pousada que a Taís escolheu e reservou era cheia de surpresas. Ela escolheu o nosso quarto que quase dividia com uma igreja. Quando tocava o sino, a gente ficava paralisado. O som adentrava o quarto, as paredes, os móveis, fazendo tremer nossa alma e o corpo todo, além da razão. Ficamos no local, aguardando para o jantar de aniversário. A Marina brincava no jardim, a noite caindo em um pôr do sol que veio descendo devagarzinho, amarelando o céu, tingindo semelhante à casca da laranja, e o sabiá escondido na folhagem tentando abrir uma manga iluminada pelo crepúsculo, participando do festival de cores.

Fomos os três para o Profeta, pertinho, só atravessar a Estátua de Tiradentes, lá de cima, lembrando seus tempos de alferes, protegendo tudo. Existe um quitute, uma iguaria famosa em Ouro Preto que rompeu as fronteiras, denominada "Pastel de Angu". Pedimos de entrada um "Caldo de Mandioquinha", com pedaços de linguiça portuguesa e cubos de lombo. Uma porção de "Pastéis de Angu", rodelas de pão italiano e pão de queijo, é claro. Pedi um tinto português de nome "Porca de Murça", que adoro e me foi apresentado pelo grande intelectual e Professor Emérito da Unesp, advogado e Procurador de Justiça aposentado, Dr. Sérgio Roxo, meu sogro. Ele era um especialista em vinhos, um enólogo de primeira linha. Não tive dúvidas com o prato, pedi uma "galinha ao Molho Pardo", da culinária e gastronomia peculiar e tradicional em Minas. Acompanha arroz branco soltinho, polenta em creme e uma salada de agrião e rúcula. A Marina quis o lombo da avó Anna Maria. Pedimos um lombo bem douradinho, meio lombo, que o maitre concordou em fazer para ela. Batata frita e tomates, que ela mesma pediu. Foi uma noite eterna. A sobremesa: torta de maçã com chocolate, tradicional no lugar. Pedi outro tinto português que levei para a pousada. Depois de duas taças, era o "Forte do Cego".

Depois de uma noite maravilhosa e um aniversário surpreendente, deslumbrante, esplêndido, fascinante, quase sobrenatural. Fomos para a Pousada, e eu resolvi dar uma volta. A Taís optou por ficar - o vinho e o frio. A Marina topou na hora. Caminhamos pelo Centro. Em cada igreja existe um cemitério ao lado. Ela ficou com vontade de conhecer. Dei uma gorjeta ao vigia e entramos cercados pela penumbra. Depois de dois chopinhos que tomei em pé, ela guaraná, ficamos sentados nas escadarias da "Igreja Nossa Senhora das Mercês". Estava uma noite linda, com uma lua que brotava seus raios sobre as pedras seculares. Não sei se houve cacos de vidro quebrado, com os raios brilhando intensamente, formando um colorido amarelo escuro, com o contraste com as pedras. Marina me perguntou:

—Edi, tudo lá era ouro mesmo?

Respondi:

—Sim. E vou te contar um segredo, que só pode ficar com você. Estamos rodeados de ouro, todas as pedras são ouro puro.

Ela, na hora, exclamou:

—Vamos levar umas cinco?

Respondi:

—Não pode, a fada do ouro protege tudo.

Debaixo de um frio danado, voltamos para a pousada. No outro dia, depois do café farto, a Marina dormindo, falei com a Taís que iria até a Joalheria H Stern, que fica no Centro, muito perto. Pedi para ver as joias bem simples e "em conta" para uma criança de cinco anos. A vendedora se afastou e abriu o pano protetor. Vislumbrei uma obra simples, de uma singeleza ímpar. Um pingente de vidro, com um cordão de tecido preto e ouro em pó dentro. Fiquei apaixonado, negociei e comprei. Corri para a pousada. Marina ainda dormia. Coloquei o mimo bem ao lado dela. Marina estudava no Colégio Nossa Senhora Auxiliadora, o pingente ficou com ela no pescoço até a adolescência. Uma lembrança da "Fada do Ouro".

Aventuras e Experiências em uma Viagem ao Amazonas

Fizemos uma viagem para o Amazonas que realmente foi uma peripécia. Foi um roteiro turístico que, para nós, só servia para o transporte e hotel. Como em outras viagens realizadas, elaboramos nossas jornadas, destinos e roteiros após exaustivas pesquisas, quase sempre totalmente diferentes das "oficiais". Geralmente, encontrávamos os integrantes na viagem de ida e depois somente na volta.

Foi a primeira experiência realizada por uma empresa de Viagens e Turismo que foi assim estipulada. Pegamos um voo de Ribeirão para São Paulo e depois para Fortaleza-CE, onde embarcamos em um transatlântico português bastante conhecido, o "Funchal".

Realmente, um navio muito luxuoso. Nossa filhota Marina foi a que mais aproveitou, pois tinha atividades com os monitores e nas horas vagas, muita piscina, que ela adora. Eu e Taís assistimos aos shows e algumas furtivas escapadas ao Cassino, apenas para pegar aquele utensílio de metal, mais semelhante a um porta-gelo, escutando as moedas descerem em cascata nos caça-níqueis. Nada de roleta, Black Jack, pôquer, baccarat, lugar de profissionais e daqueles que possuem dólares e euros sobrando.

Eu nunca havia "mareado", fiquei completamente fora de mim no último dia no Atlântico. Ficava deitado no convés, até que um médico, excursionista também, ao me ver naquela prostração, me examinou, foi até sua cabine e voltou com um saquinho com um pó branco e três comprimidos que tomei. O remédio que ele me ofereceu mais parecia uma poção, destas feitas pelas bruxas no meio da floresta, com direito a caldeirão e colher de pau, asas de morcego, rabos de lagartixas. Mas fiquei bom em meia hora. Ele muito gentil, me avisou: —Quando entrarmos no rio, não mais sentirá nada. Dito e feito, foi a minha melhor noite, feliz e curado.

Navegamos subindo pelo Atlântico até chegarmos ao Rio Amazonas, com um detalhe. Tivemos que passar pelo Estreito de "Breves". A tripulação lusa não possuía nenhuma experiência, e houve a necessidade de contatar um prático para a complicada travessia. Imagine aquele imenso navio, com cerca de 3.500 passageiros, cruzando o estreito. O prático é o profissional especializado que possui experiência e conhecimentos técnicos de navegação, condução e manobra de navios, bem como das particularidades locais, correntes, variações de marés, ventos reinantes e limitações dos pontos de acostagem e os perigos submersos.

Navegamos pelo Amazonas, na expectativa de cruzar o "Estreito de Breves". Quando o chefe da tripulação, o Almirante, avisou pelos alto-falantes:

—Daqui a pouco, vamos diminuir muito a velocidade e seremos guiados por um Prático, que é o profissional especialista nesta façanha em atravessar o Estreito.

Depois de um tempo de apreensão e ignorância de todos sobre os mistérios e detalhes da navegação, novamente o Chefe da Tripulação fez o comunicado: —O Prático acabou de chegar, agora o comando é dele.

O profissional chegou numa pequena embarcação, se posicionando à frente do colossal navio. Parecia a história de David e Golias. Aquele minúsculo barco, um homenzinho pequeno e atarracado, promovido a guia mor, gerente geral, comandante, almirante e sei lá como definir o cargo e sua definição funcional e hierárquica. O monstro bem devagar, seguindo o quase imperceptível ser em seu transporte, naquela imensidão de águas, árvores. E nós, pobres deslumbrados, acostumados como navegadores, marujos ou humildes grumetes de shoppings centers.

Ao deixarmos o oceano, passamos por uma natureza pura, cândida e transparente. A "ilha de Marajó" e seus búfalos negros como as noites de tempestades, escuros como trens cruzando túneis. Com cerca de três mil ilhas e ilhotas, o Marajó é o maior arquipélago flúvio-marítimo do mundo. Situado na confluência dos rios Amazonas e Tocantins-Araguaia, o Marajó abriga o estuário amazônico, uma das mais ricas regiões do País em termos de recursos hídricos e biológicos.

Nossa primeira parada em um porto fluvial foi em uma destacada cidade do Estado do Pará. Lá entendi um pouco o nosso país. Descendo, deparei com uma placa na via pública, imensa, que alertava: "Só bebam água mineral comprada em estabelecimentos de credibilidade e identificados". Pobre país, sem preocupação alguma com saneamento básico, higiene, assepsia e profilaxia. Seus esgotos a céu aberto, em absoluto descaso pela saúde e o bem comum.

Os paradoxos do tempo do desconhecido e da natureza. Neste município, visitamos uma obra brotada da índole, cunho e disposição dos segredos da humanidade. Localizada na margem direita do Rio Tapajós, com areias cintilantes, águas cristalinas, um convite ao belo e a porta do Paraíso.

Partindo em pequenas embarcações, faz-se a travessia para o "Alter do Chão". Taís, aventureira, atleta e destemida, imitando, se fazendo de "Mark Spitz e Michael Phelps", avisou:

—Vou nadando. E assim o foi feito. Marina foi comigo.

Lá chegando, fiquei em um quiosque simples e bucólico, sorvendo uma "Cerpa", divagando sobre o lugar, há uma pequena distância da cidade. Ela me assustou pelas condições, calamidades e o abandono. Surgiu há centenas de anos este céu sem nuvens, perdido nas águas e florestas. Foi habitada pelos índios Borari e descoberta pelos portugueses em 1626. Nunca mais me esqueci de Alter do Chão, de ter vivido esta imaginação, lenda, utopia e visão.

Nossa próxima e última parada foi no dia 31 de dezembro, onde passamos o Réveillon em Parintins. Maravilhados nas apresentações dos "Bois", garantido e caprichoso, joias raras do folclore nortista. Realmente inolvidáveis, memoráveis e perduráveis.

Parintins é uma cidade localizada no Estado do Amazonas e faz fronteira com o estado do Pará. O lugar é uma ilha, conhecida como Tupinambarana, descoberta em 1796.

É o palco da maior manifestação cultural do Norte brasileiro, o Festival Folclórico de Parintins.

Durante o dia passeamos pela cidade “a bordo” de um estranho veículo. Consistia em um caixote de madeira, onde sentávamos os três e o condutor nos dirigia com um misto de bicicleta e carroça. Marina e Taís aproveitavam e adoravam todos os passeios, visitando lojas, feiras e adquirindo saias, saídas, sandálias e a moda peculiar e multicor do Norte.

Chegando o início dos festejos, fogos, música, shows e apetitosa ceia, com a culinária marcante e forte amazônica. Na manhã, o Funchal partiu com destino a Manaus, navegando deslumbrado pelo Rio Amazonas. Comecei a entender o real significado das palavras “desmatamento”, “furto”, “clandestinidade”, “devastação”, “aniquilação”, “derrubada”, “arruinação” e “desaparecimento”, o destino dado, o que faziam com a nossa floresta.

Nas margens, você tem a visão da derrota, as madeireiras nas margens, uma ao lado da outra, com nomes desconhecidos para nós, mas deviam ser famosos nas terras deles. Orwell, Donald, Mississipi, Orleans, Dakota, nossas matas seculares sumindo e seu produto furtado, indo embora. São exemplares acentuados, relevantes e essenciais, como: Cedros, Cerejeiras, Cumarus, Freijós, Imbuias, Ipês, Angelins, Maçarandubas, Sucupiras, Mognos, Jatobás, Jacarandás, Paus-Brasil e uma riqueza única no Universo.

Na hora me lembrei de um poema, onde estrangeiros sumiram e surrupiaram com a serra dos “Andrades” e seus minérios:

"Chego à sacada e vejo a minha serra, a serra de meu pai e meu avô... Era coisa de índios e a tomamos para enfeitar e presidir a vida...Esta manhã acordo e não a encontro... foge minha serra vai...deixando no meu corpo a paisagem...mísero pó de ferro, e este não passa" —Carlos Drummond de Andrade.

Fiquei intrigado. Impressionou-me a quantidade de igrejas evangélicas em diversos e confusos nomes. Interessante que ainda não eram comuns no território nacional, pequenas casas, escritas e identificadas, igreja tal, igreja qual, simples e perdidas. Talvez esperando, sei lá, algum Messias para salvar do analfabetismo, doença, com a esperança inculta de tentar acalentar o estômago e a alma.

E as casinhas dos ribeirinhos e suas "canoas" na porta, como são estacionados os carros por aqui. Geralmente cinco, ou seis meios de transporte, assim divididos: a maior que era do pai, a média da mãe e as pequenas e pequeninas dos filhos. Outro fato que me causou espanto, estupefação e assombro, quase um choque. As crianças se aproximavam do navio, com suas canoinhas, os turistas se revezavam atirando do luxo lá de cima, frutas, lanches, doces. Eu me conheço, Marina quis também. Deixei, embora contrariado sem ela perceber, pensando na miséria, na fome e na imensa desigualdade, diferença de acesso aos bens de primeira necessidade. Chateado, não vi nenhuma escola e a Marina, nos seus parcos cinco anos percebeu. Tentei explicar a ela.

Chegamos a Manaus na madrugada, quase ao alvorecer. Fomos ao hotel, deixamos nossos pertences e voltamos ao porto, orientados pelo gerente para um passeio inesquecível. E assim o foi, uma verdadeira aventura que nos esperava.

No Porto, procurei pelo barqueiro de apelido "Trinta". Ao avistá-lo, falei de um verdadeiro conhecimento da região e lugares memoráveis, também os valores da empreitada. Quando ele mencionou o valor para ficar o dia inteiro a serviço nosso, um misto de espanto e pena me assaltou. Disse ele: —Quarenta Reais! Imediatamente dei-lhe uma nota de Cem Reais, azul, que fez com que até a Garoupa, impressa e estampada na cédula, abrisse um largo sorriso.

Embarcamos, ele se dirigiu ao posto de combustíveis. As bombas ficavam no meio do rio. Tudo lá se resumia nas águas do maior Rio do mundo. Primeira parada para a visita à selva, não estávamos em período de "cheia", com a selva servida por passarelas de madeira.

Chegamos ao destino onde vislumbramos vitórias-régias, uma flora deslumbrante e os visitantes podiam alimentar os jacarés. Assim se procedia naquela ação peculiar e um tanto assombrosa. Um garoto chegou com uma lata cheia de piranhas mortas. É claro, consistia em passar uma corda pelas guelras delas e de uma altura de mais ou menos cinco metros, na palafita, misto de bar, armazém e mirante e alimentá-los. Marina se esbaldou, chegou a enganar os bichos. Quando pulavam ao alimento, ela puxava rapidamente fazendo com que os dentes dos gigantes carnívoros rangerem no ar.

Saindo desta rara atividade, Trinta nos levou a uma ilha deserta. Tenho as fotos. Para impedir a "troça de conversa de pescador", Taís permaneceu no barco. Eu e Marina começamos nossa exploração do Ipuã, uma areia fina e alva, quando a Má gritou: - Edi! Olha aqui. Na areia quente, uma pegada assustadora. Do tamanho de uma poça d'água, com marcas de garras e tudo. Saímos correndo, o nosso guia avisando que não tinha perigo. Com as línguas para fora, chegamos à embarcação. Taís estava cochilando sob o sol abrasador. Coberta com uma saída e chapéu de palha.

Perguntei ao nosso amável e prestativo condutor, como fazer para um almoço naquela imensidão de águas, árvores e o nada, absoluto do tamanho da angústia e tristeza de perder alguém. Com um largo sorriso, respondeu:

—Vou levá-los a um restaurante dos índios, umas duas horas daqui. Tudo lá é longínquo, apartado, distante, assustador. Você se sente pequeno, ínfimo, quase imperceptível.

Navegando chegamos ao "restaurante", fomos postados em uma mesa de madeira com cavaletes. Pedi uma cerveja e queria experimentar uma bebida típica. Quando as índias, indiazinhas, indiozinhos, araras, macacos, começaram a montagem da nossa mesa, foi indizível. Eu já estava enjoado da culinária europeia servida no Transatlântico. Em sua economia assustadora, feita de minúsculas porções.

Após anos, anos depois tive a oportunidade em desmentir. As refeições em Lisboa e em todo Portugal são fartas e abundantes. Regadas com muito vinho. Voltemos ao restaurante dos nativos, um festival de milho, batata, arroz, feijão, raízes desconhecidas e saborosas, carnes de suínos, jacarés, tatus, rãs. Com um detalhe que agradecemos quando foi oferecida uma "iguaria", menos o Trinta. "Ensopado de jibóia", que ele saboreou avidamente.

Depois de saborearmos com a culinária, a fauna, os segredos, tivemos nossas curiosidades aguçadas. Ficamos ávidos de conhecer conversando com eles, tentando obter e captar as nuanças, incógnitas, enigmas, tal qual a Esfinge de Tebas na clássica escolha: Decifra-me ou te devoro. Em um momento, nosso condutor me chamou ao lado e avisou: - Precisamos ir. Tudo aqui está sujeito a mudanças radicais e repentinas.

Não entendi, o céu estava azul digno do manto da Virgem Maria. Absolutamente nenhum algodão no firmamento. Apenas o infinito monumental. Mas sempre ouço e respeito a voz da experiência, principalmente em um momento ou local, que minha ignorância não ousa questionar.

Na nossa volta, umas duas horas depois, o magnífico azul se transformou em um escuro lúgubre, sinistro, sombrio e tenebroso. Ondas, que são chamadas de marolas, faziam a embarcação subir e descer, mesmo com a calma, segurança e orientações do "comandante". Eu que há anos não rezava, me transformei em um diácono nas Semanas Santas. Tentando lembrar de salmos, Credos, Salve Rainhas. Com intervalos de pais-nossos e ave-marias esquecidos pelo tempo. Só consegui ficar abraçado às duas, os três deitados no canto do barco, pedir com insistência, humildade, implorando e suplicando. Quando num lapso, tudo voltou ao normal. As águas ficaram calmas e plácidas, como meninos descalços, pisando no fim das enxurradas. Que corriam após uma torrencial precipitação de verão.

Avistamos luzes ao longe, muitas delas, imaginei que estávamos chegando, com um sorriso do guia: É Manaus

sim, mas ainda levará umas duas horas. As luzes foram ficando bem maiores. Saltando de edifícios e faróis da Capital, descemos no porto, agradeci muito o Trinta e fomos para o hotel.

Poderia falar de fenômenos, acontecimentos, mistérios e segredos que se escondem neste Estado, suas águas, florestas. Em um exuberante festival concedido pela fauna e a flora. Bem como seus habitantes, sejam em casas, edifícios ou iguassú e malocas. Escolhi um que me marcou demais pela força, charada e enigma.

Um dos pontos turísticos de Manaus consiste no "Encontro das Águas". Fenômeno que acontece na confluência entre o rio Negro, de água preta, e o rio Solimões, de água barrenta. Onde as águas dos dois rios correm lado a lado sem se misturar. Por uma extensão de mais de 6 km. Em uma volta pelos igarapés da região. Se o passeio for feito em um barco pequeno, o visitante tem a experiência de

Marina e Edwaldo

mergulhar em ambas as águas e perceber a diferença de temperatura entre elas.

A explicação para esse fenômeno é a diferença de densidade, temperatura e velocidade das águas dos dois rios. As águas do rio Negro são mais quentes, mais densas e mais lentas do que as do Solimões, que são mais frias, menos densas e mais rápidas. As diferenças de densidade e temperatura impedem a mistura imediata das águas, criando essa cena impressionante.

Assim se passaram os dias de nossa inesquecível aventura no Amazonas, explorando rios, florestas, ilhas e culturas únicas e surpreendentes. Cada momento foi marcado por descobertas incríveis, paisagens deslumbrantes e encontros com a natureza em sua forma mais pura e selvagem. Essa viagem deixou uma impressão duradoura em mim e na minha família, reforçando a importância de preservar e respeitar o meio ambiente e as culturas locais.

A culinária e a aula de cirurgia

O Magro tinha uma chácara maravilhosa onde se reuniam os amigos queridos e, também, convidados, músicos, artistas, jornalistas e familiares.

Tenho o dom de conhecer e experimentar os meandros da "arte da cozinha".

Defino a culinária como uma alquimia, a magia de combinar condimentos, temperos, levando o sabor ao seu limite, nada é proibido desde o propósito de sonhar e "seduzir com a boca".

Em uma manhã, seis horas já me encontrava sob o "caramanchão", coberto pelos arvoredos, formando um teto silvestre, perfumado pelas flores e o cheiro do mato, no silêncio do alvorecer, apenas o labor das formigas, cortando ramos e os pássaros se banhando nas águas frias da piscina, em uma festa matinal de asas e bicos, cobertos pelos primeiros raios de sol com seus brilhos multicores.

Incrível como é gratificante misturar ervas, temperos, especiarias, no preparo dos petiscos, comestíveis, iguarias, depois levá-las sobre as chamas crepitando e dançando açoitadas pela madeira do eucalipto, nesta busca milenar de saciar os desejos, degustar misturas, levando ao paladar definições indescritíveis.

Edwaldo, o "Chef"

Sabores são como beijos esperados, refletem colher de pau, ânsias e vontades, ervas de línguas ávidas de paladar, penetrando os lábios, chegando até o céu da boca.

Naquela manhã, estava preparando um "tambaqui".

Foi presente de um dos "habitués", apaixonado pela pesca, em recente viagem ao Rio Paraguai.

Iniciei como sempre meu labor e prazer gastronômico lavando bem os ingredientes, cortando em formas definidas, regulares e geométricas, o ato de cozer, exige calma e precisão no corte das batatas, cenouras, cebolas, pimentões de todas as cores, tomates, alhos, alhos-porós, envoltos e triturados formando um misto de ervas, salsa, cebolinha, rúcula, sálvia, couve, alecrim, manjericão, louro, tomilho, açafrão e pimenta do reino, em harmonia preparados, pois como o amor deve ser a cada dia regado com quantias de admiração, carinho, atenção, gentileza, paixão, parceria, cumplicidade, desejos, segredos incontáveis, cabendo apenas dentro de dois seres, seja na multidão ou a "quatro paredes", em um colchão, nas noites eternas.

Deve ser assado em calor médio, distância de 40 a 60 centímetros da brasa ou um pouco mais. O fogo perto pode queimar por fora e não cozinhar por dentro. Importante estar sempre atento, no caso dessa carne o tempo de assadura costuma ser rápido.

Na hora de servir, retire a "espinha dorsal, com cuidado para não desmanchar, corte em rodelas, tal qual um "rocambole" exposto nas vitrines das padarias.

Faz-se acompanhar junto do "arroz" branco soltinho, uma salada simples apenas de hortaliças verdes, pepinos japoneses, rabanetes, limão, pimenta a gosto e "*bon appétit*".

Bem, voltemos ao preparo, estava eu envolto e focado nas minhas tarefas gastronômicas, quando ouvi uma voz familiar em alto e bom som:

—Bom dia! O que o "*Chef*" vai preparar hoje?

Respondi:

—Um tambaqui, recheado com ervas, legumes e frutas.

Era a rotina do Magrão, ligar o som, em uma seleção de sabores auditivos, Chico, Caetano, Gonzaguinha, Tom, Marisa, Gal, Gil e um festival sinfônico de altíssima qualidade, tal qual bálsamo perfumando os ouvidos, deslizando suavemente em direção aos corações.

Abriu uma lata, sentou-se e ficou observando como era sua marca registrada: um silêncio monossilábico. Surgindo o momento de montar a pasta para o recheio, tudo misturado com a indispensável e providencial farinha de mandioca fininha e azeitonas sem caroço.

Tratava-se de um belo representante da bacia amazônica pesando cerca de cinco quilos, fui preenchendo o corpo aberto, até terminar toda a mistura dentro dele.

Um complemento final de suma importância, adicionar meia manteiga, cinco bananas nanicas e três maçãs com casca. As frutas precisam ser depositadas sobre o recheio inteiras.

O “Magro” bebendo e olhando, sem emitir o menor comentário, apenas o silêncio do desconhecido, pensando onde termina a fantasia e surge a realidade.

Usei uma agulha grande e barbante, ele só observando. Comecei a fechar com a costura desde os raios das nadadeiras para encerrar sob as guelras. Fui costurando em pontos precisos e singulares, quando estava no último ponto, encerrando a “sutura” o Magro exclamou.

—Nossa! Lembrei-me da minha primeira aula de cirurgia.

Sócrates, um tempo, uma amizade, um aniversário

Nos cinquenta anos do Magrão, resolvemos prestar uma homenagem ao amigo muito querido. Reunimos toda a turma e começamos a articular o aniversário.

Eu trabalhava na Prefeitura Municipal, nomeado como Secretário Adjunto de Governo, ao lado do saudoso Dr. Newton Mendes Garcia, Secretário.

Pensamos em atividades que se iniciassem com um jantar no Templo da Cidadania, com amigos, convidados e muita música - paixão do Doutor. Ele dividiu o palco com os músicos Dedé Cruz, Bueno, Márcio Coelho, Vicente e toda uma constelação da música em Ribeirão.

No sábado, seria realizada uma partida de futebol

Logo da camisa da festa em homenagem ao Sócrates

Acima, times que participaram da festa e, ao lado, Sócrates e amigos.

no campo do magnífico Centro de Treinamento do SEB/COC, com o timaço de basquete, pentacampeão paulista. A peleja seria entre a família dele contra os amigos.

Quando cheguei ao CT, posicionados ao lado do campo, praticamente todas as televisões e rádios do país estavam presentes. Um time de locutores, comentaristas, repórteres e fotógrafos de primeiro time e de linha.

Vamos às duas equipes:

Os filhos do Magrão e os irmãos são craques do mais alto índice técnico e categoria. Fantásticos boleiros, o time da família era uma seleção.

Eduardo Duzão, Gustavo, Marcelo, Sócrates Júnior, Rodrigo - os filhos. Raí, Sóstenes, Raimar, Sófocles e Raimundo - os irmãos.

Os amigos formaram com este pobre escriba que vos relata, Jorge Kajuru, Bueno, Chaim Zaher, Paschoalin, Elifas Andreato e muitos mais.

O Presidente do Grupo SEB, Chaim Zaher, um imenso amigo, por meio da sua competente equipe de profissionais, desenvolveu todo o marketing.

As camisas usadas foram assim confeccionadas: Família - metade da Seleção Brasileira e a outra metade do Corinthians. Dos amigos: em azul e branco, escrito “Sócrates 50 Anos” com a ilustração gentilmente realizada pelo talento do Elifas Andreato.

Após o jogo, foi oferecido pelo COC um bolo com as camisas, metade e metade.

Também a hospitalidade, o carinho e a amizade do Dr. Chaim brindando com um destacado “Buffet”, regado a chope e churrasco do Pinguim/Barbacoa.

Bem, vamos ao fato marcante. Iniciada a partida, foi um arraso. O time da família descia numa terrível invasão ao nosso campo, levando muito a sério o prélio. Com um detalhe, o Raí tinha acabado de encerrar a carreira, estava no auge da forma.

Em um determinado momento, na ponta esquerda estava o Magrão com um copo de chope na mão. O Jorge Kajuru avançou para ele como “uma vaca louca”, no intuito de tirar a bola. Sócrates, sem deixar cair uma gota da bebida, aplicou-lhe uma “meia lua”. Ele foi ao chão, levantou-se perdido e afoito, avançando outra vez e tomou um "Chapéu" daqueles de fazer cabelo, barba e bigode.

O jogo só terminou com um golaço do Dr. em um tiro perfeito da intermediária, mas já devia estar uns dez.

O detalhe foi que o "banho de bola" e o vexame sofrido pelo Kajuru em jogada genial do "Calcanhar de Ouro" foram manchete dos jornais e exibição de gala em todos os canais e programas esportivos, na segunda-feira, para o deleite de todos.

Um futebol que marcou os corações e a história

Ribeirão Preto, quando vim aqui residir no final da década de 70, precisamente em 3 de janeiro de 1977, até os anos de 2009, ocupou com destaque o cenário nacional do futebol. Chegou a ter os dois times nas principais divisões da peleja nacional.

Chegando aqui, vindo de Minas Gerais, fui residir na Vila Seixas, bairro tradicional e reduto do Comercial Futebol Clube, o Glorioso "Leão do Norte". Sempre fui um amante e apaixonado pelo futebol. Desde novinho, ao chegar na Vila, tornei-me comercialino. Minha paixão pelo clube foi crescendo a cada dia. Cheguei a ser sócio, conselheiro e assíduo frequentador do Estádio Francisco de Palma Travassos, a "Jóia de Cimento". Um autêntico fanático "Bafudo".

O que ficou muito marcado foram as grandes partidas realizadas tanto pelo Comercial como pelo Botafogo. Ribeirão Preto respirava grandes jogos, que toda a região aqui aflorava, com as presenças de Palmeiras, Corinthians, São Paulo, Santos, Portuguesa de Desportos, Flamengo, Fluminense, Vasco, Botafogo, Internacional de Porto Alegre, Cruzeiro, Atlético, e uma constelação de equipes do interior paulista que fizeram e ficaram na história. XV de Piracicaba, XV de Jaú, América de Rio Preto, Francana,

Diretoria e amigos do Comercial FC, sob a Presidência de Brenno Augusto Spinelli Martins, e, na página seguinte, a torcida sempre empolgada.

Prudentina, Noroeste de Bauru, Marília, Internacional de Limeira, Mirassol, Grêmio São Carlense, União São João de Araras, Paulista de Jundiaí, Rio Branco de Americana, Guarani, Ponte Preta, Ferroviária, Bragantino, Novorizontino, Ituano, São Caetano. Todos os times eram muito estruturados, sendo o Campeonato Paulista o mais importante. Aliás, praticamente todos os regionais brasileiros vinham em primeiro lugar.

Tive a felicidade e a primazia de ver: Botafogo e Atlético Mineiro, de Éder, Reinaldo, Marcelo, João Leite, Toninho Cerezo, Ângelo; Comercial e Flamengo, de Zico, Júnior, Leandro, Andrade, Adílio; Botafogo e Fluminense, de Edinho, Carlos Alberto Torres, Rivelino; Comercial e Corinthians, de Biro-Biro, Vaguinho, Jairo, Vladimir; Botafogo e Internacional, de Falcão, Carpegiani, Manga, Batista, Figueiroa. Também um verdadeiro signo de craques, tanto do interior como da capital.

Na nossa cidade, o jogo mais esperado e de emoções inesquecíveis e eternas era o Come-Fogo. A "Capital da Cultura" entrava em alvoroço na semana que antecipava o prélio. Discussões, conversas, apostas movimentavam tudo, principalmente a Choperia Pinguim e imediações. Moradores e personagens folclóricos, jornalistas, curiosos, turistas e radialistas. Nossa terra possui tradição na difusão do Rádio, com importantes emissoras, como exemplo a antiga PR7, que abrigou e despontou diversos artistas, radialistas e comentaristas. Talentos que exportou pelo país afora. Um verdadeiro desfile de estrelas e astros do "ludopédio": Jair Bala, Sócrates, Raí, Leão, Rostein, Lorico, Rosan, Zé Mário, Guina, Mineiro, Tadeu Ricci, Wilson Campos, Paulo Bim, Nei, Glauco, Manoel, Gonçalves, e tantos inesquecíveis sonhos do tapete verde.

Uma centena, para não dizer milhares de histórias fluíram com o Come-Fogo. Lembro-me de tantas e tantas, e escolhi uma para relatar. Come-Fogo na Jóia, um céu de um azul divino, nem sequer uma pequena nuvem no céu,

No alto, o Estádio Doutor Francisco de Palma Travassos, do Comercial F.C. Acima, o time do Botafogo, também de Ribeirão Preto.

apenas o manto celeste sagrado, um firmamento digno de um vôo do mais competente brigadeiro. Isso me fez lembrar do anil com que minha mãe lavava as roupas, serenos como ela.

A Vila Seixas possuía entre seus moradores destacados e intensos comercialinos. Vou homenagear e lembrar, entre tantos, o senhor Angelino, "Velho Angelim", como era conhecido. O senhor Angelim chegava sempre cedo ao "Palma Travassos", portando um rádio Philco imenso, e ficava com ele ao colo. Neste Come-Fogo, briga de cachorros grandes, um a um no placar, quando aos 42 minutos do segundo tempo foi marcado um pênalti duvidoso para o Botafogo, que deveria ser cobrado no gol de fundo.

O senhor Angelim não aguentou, ficou tão nervoso que arremessou o aparelho da arquibancada junto à pista. Peças para todos os lados, pilhas rolando como pau de enchente, molas, parafusos, sob os olhares atônitos e sentidos dos torcedores e familiares ao seu lado. Ele arrasado desceu e foi embora da arquibancada em seu local eterno e reservado. No campo, um silêncio digno de uma sexta-feira da paixão, às 15h, nem um pio, alguns torcedores viravam as costas para o gramado, outros rezavam, muitos atônitos com os olhos esbugalhados.

Com a bola na cal, o árbitro trilou seu apito. Magrão, de cabeça erguida, correu para a bola e chutou para fora. Uma comemoração incrível, abraços, choros, pagamentos de promessas, o senhor Angelim voltando, galera toda na pista junto ao alambrado, comemorando e tentando juntar o que sobrou do Philco.

Audálio, um amigo muito querido, a feira e o almoço

A Feira Internacional do Livro de Ribeirão Preto é um acontecimento de suma importância que se transformou em uma tradição ímpar, pois tem como foco principal o livro e a leitura, palco da participação de escritores do Brasil e do exterior, além da força dos escritores locais e regionais.

Um destaque especial, sobre uma entidade sem quaisquer tipos de elogios e destaques, que seriam apenas redundâncias, é a eterna UBE —União Brasileira de Escritores. "A UBE foi criada em 17 de janeiro de 1958, sucedendo a Sociedade dos Escritores Brasileiros, primeira associação profissional de escritores, fundada em 14 de março de 1942 por Mário de Andrade e Sérgio Milliet"

Nomes como Sérgio Buarque de Holanda já presidiram a entidade, bem como o brilhante, talentoso, de uma reputação, dignidade e um caráter marcante, Joaquim Botelho, que a presidiu em duas gestões e a quem devo muito.

Naquela época eu presidia o Instituto do Livro de Ribeirão Preto e formamos uma parceria pontual e intensa com a entidade, nomes como: Deonísio da Silva, Joaquim Botelho, Fernando Morais, Marcelo Nocelli, Menalton Braff, Luiz Avelima, Frei Beto, José Fernando Chiavenato, Sérgio Roxo, Mozer Benedito, os saudosos, Audálio Dantas e Levi Bucalem Ferrari e tantos e tantos outros.

Audálio Dantas indicado para o troféu Juca Pato

Ao lado, artigo do jornal "Tribuna de Ribeirão Preto". Acima, Levi Bucalem Ferrari, Marcelo Nocelli, Joaquim Maria Guimarães Botelho, Edwaldo Arantes e Audálio Dantas.

Na véspera da feira, nos encontramos no Pinguim com toda a turma, saudades, papos e estratégias. Em um momento o Audálio com aquela fineza e cordialidade, aproximou-se do meu ouvido e falou:

—Edwaldo, tenho que receber insulina todos os dias, não aplico pessoalmente de jeito nenhum, tenho pavor, minha esposa quem o faz, só que ela não está aqui, o que me deixa triste em todos os sentidos.

Respondi, fique muito tranquilo que vamos resolver, no exato momento adentra o restaurante o Dr. Pedro Palocci, destacado médico e presidente do Hospital São Lucas.

Ao ver-nos, foi direto até a nossa mesa, sua esposa, a Professora Doutora Helianna da Silva Palocci, que era a vice-presidente da feira e estava em uma mesa próxima com toda a diretoria.

O Doutor cumprimentou todos, trocamos meia dúzia de palavras, quando pedi para falar com ele, expliquei a questão do Audálio, ele prestativo e atencioso, na hora fez uma ligação para uns dos seus diretores, desligou o aparelho e assim falou comigo:

—Edwaldo, amanhã no horário que vocês quiserem, procurem o Dr. Tal, que vai estar esperando.

Acordo e sempre acordei muito cedo, mas o Audálio ganhou. Às seis rumamos para o hospital, ao chegarmos parecia "noite do Oscar", no caso "manhã".

Um séquito de homens e mulheres de branco, entre sorrisos, abraços e autógrafos, Audálio totalmente perdido e morto de vergonha, fomos levados a uma sala e o Dr. realizou o procedimento.

Durante toda a estada do Audálio Dantas em Ribeirão, pontualmente chegávamos ao Hospital São Lucas, às seis da manhã, com a mesma recepção de "gala" do primeiro dia.

Deixava o "monstro sagrado" no "Hotel Monreale", pertinho da feira, e rumava para o labor.

Neste mesmo dia, lá pelas 11hrs30min, recebi uma ligação do Audálio, tentando explicar afoito:

—Edwaldo, meu irmão. Estou aqui na porta te esperando, não consigo entrar, porque me pediram um tal de 'ticket' para almoçar, não sei o que é isso...". Todos os escritores almoçavam e jantavam no Pinguim, por meio do patrocínio e apoio do empresário e amigo querido, Paulo Ferreira, no caso do Audálio deve ter havido um contratempo e ele não recebeu o "ticket".

Cheguei e ele com um sorriso agradecido e aliviado, entramos, pediu uma Salinas para abrir o apetite, depois outra, chopp, e degustou uma suculenta e farta feijoada, tradicionalíssima do local.

Na página anterior, Fernando Kaxassa, Edwaldo Arantes, Levi Bucalem Ferrari e Audálio Dantas. Abaixo, sentados na mesa redonda do Hotel Monrealem, durante o Congresso Brasileiro de Escritores da UB, Edwaldo Arantes, Audálio Dantas, Levi Bucalem Ferrari e Loureiro Júnior.

Edwaldo Arantes, Loureiro Júnior, Audálio Dantas e Levi Bucalem Ferrari.

"O dia em que Audálio Dantas quase ficou sem almoçar em Ribeirão Não era possível! O pobre faminto escritor, com mais de 85 anos, na porta do Pinguim, em plena Feira do Livro, era ninguém menos que Audálio Dantas" - Eduardo Batista, Confessionário —Tribuna Ribeirão Preto".

O inédito Encontro Nacional da UBE em Ribeirão Preto

Em uma manhã, eu me encontrava no Centro Cultural Palace, sede da Fundação Instituto do Livro, que presidi por 13 anos. Recebi a visita do Menalton Braff, acompanhado de um jovem senhor, apresentado como Joaquim Maria Guimarães Botelho - professor, jornalista, ensaísta, escritor e Presidente da UBE (União Brasileira de Escritores) - que eu conhecia pelo nome. Ele havia trabalhado em importantes empresas de comunicação, como a Revista Manchete, TV Bandeirantes e TV Globo. Mestre em Literatura e Crítica Literária, era também Especialista em Jornalismo Internacional nos EUA.

Descemos para caminhar um pouco pela Esplanada do Majestoso "Theatro Pedro II" e a "Praça XV de Novembro". Entre amabilidades e as primeiras palavras, o Menalton foi direto ao assunto: "O Joaquim pensa em realizar o 'Encontro Nacional de Escritores da UBE'. Eu, como vice-presidente, na hora sugeri Ribeirão Preto, comentando que o Edwaldo Arantes seria uma pessoa fundamental, capaz de participar da parceria."

Fiquei profundamente emocionado e agradecido pelas palavras do escritor. Ele, na ditadura, foi obrigado a "sumir" na clandestinidade, iniciando como escritor e escrevendo

No alto, equipe da UBE, sob a Presidência de Joaquim Botelho, conhecendo a Instalações para a realização do "Congresso Brasileiro de Escritores. Acima, "atrium" da Universidade UNISEB - onde foi realizada a noite de autógrafos do Congresso Brasileiro de Escritores da UBE.

Afonso Romano de Sant'Anna, Joaquim Maria Botelho, Edwaldo Arantes e Reginaldo Arthus.

com o pseudônimo de "Salvador dos Passos". Imediatamente, aceitei a parceria para realizarmos um evento dessa magnitude.

Preciso detalhar que uma sólida e pungente amizade surgiu com o Botelho - um sujeito solidário, brilhante, competente, de uma retidão, honestidade e dignidade ímpares e contagiantes, a quem devo muito. Começamos a montar as estratégias. Procurei um parceiro incrível, o vice-reitor do UNISEB. Se existem "Anjos", ele foi o nosso professor doutor Reginaldo Arthus - um educador na verdadeira acepção da palavra. Educador e Consultor: Doutor em Educação (FE/UNICAMP), Mestre em Economia Social e do Trabalho (IE/UNICAMP), Especialista em Educação e Tecnologias (UFSCAR), com formação em Filosofia, Pedagogia, História e Economia.

Vice-reitor de uma fantástica Universidade, com um destacado "Corpo Docente", uma estrutura incrível, um

anfiteatro para 700 pessoas, um complexo de comunicação de muita tradição, salas especialmente preparadas com som, televisores e estúdio que transmitia por EAD para centenas de polos no país.

Em uma manhã, fui agraciado com a visita da diretoria da UBE para conhecer o local, dentro das condições para a realização do Encontro. O local foi por unanimidade aprovado, juntamente com o brilhantismo do Avelima e sua visão fundamental e absoluta sobre a música, principalmente pela possibilidade de contarmos com a apresentação da "Orquestra Sinfônica de Ribeirão Preto" na abertura.

Nos dias, os escritores foram chegando - uma vasta e destacada programação, com debates, encontros, simpósios e seminários. Destaque para o reitor e Presidente do Grupo SEB, Dr. Chaim Zaher, que aprovou completamente e colocou todos os seus profissionais à disposição. No refeitório da Universidade, era servido o almoço aos escritores e administradores da UBE por um destacado Buffet da cidade.

Ribeirão Preto, que já conta com a Feira Internacional do Livro, com suas bibliotecas, centros culturais e universidades,

Na página anterior, Menalton Braff, Reginaldo Arthus, Gilberto Andrade Abreu, Joaquim Maria Guimarães Botelho, Adriana Silva, Galeno Amorim, Edwaldo Arantes, Luiz Avelima Abertura do Congresso. Ao lado, Saulo Gomes, Edwaldo Arantes, Arthus e Galeno Amorim.

foi coroada com um acontecimento de uma importância única, sem comparações, jamais sonhado em acontecer na "Capital da Cultura".

Mas nem tudo foram louros e flores. Passamos por momentos difíceis, para não dizer terríveis, com a escassez de recursos financeiros, patrocínios prometidos e não cumpridos, o silêncio da administração municipal, tendo o Presidente passado por sérios problemas econômicos em sua vida particular.

Mas vencemos, com uma luta sem igual e hercúlea do seu dirigente maior e sua Diretoria.

Ribeirão Preto recebeu uma constelação de notáveis, brilhantes e talentosas estrelas da nossa literatura, bem como do jornalismo, das ciências e das artes, que tentamos elencar: Joaquim Maria Botelho, Reginaldo Arthus, Betty Milan, José Castilho Marques Netto, Karine Pansa, Fernando Morais, Affonso Romano de Sant'Anna, Audálio Dantas, Newton Lima, Severino Antônio, Luís Serguilha, Daniel Pereira, Mouzar Benedito, Alberto Quartim de Moraes, Pedro Bandeira, Jorge da Cunha Lima, Marcelo Ariel, Nicodemos

Na página anterior, a partir do alto, Josué de Lima Peixoto, Gilberto Andrade Abreu, Fábio Lucas, Joaquim Maria Guimarães Botelho, Aziz Nacib Ab'Saber, Adriana Silva e Edwaldo Arantes; Mozar Benedito, Edwaldo, Joaquim Maria Guimarães Botelho, Menalton Braff, Pedro Bandeira e outros participantes do Congresso. No alto desta página, Edwaldo, "Mário Quintana" e Professor Deonísio da Silva; Luiz Avelima, Joaquim Botelho, Edwaldo e Menalton Braff. Acima, Edwaldo e o escritor Mouzar Benedito; Edwaldo, Eliane Ratier, João Batista de Andrade, Carlos Roberto Ferriani, e Luiz Avelima.

Sena, Ruth Guimarães, Frei Beto, Fábio Lucas, Renata Pallottini, Luís Avelima, Francisco Moura Campos, Sueli Carlos, Djalma Allegro e Menalton Braff.

Ao final das jornadas, em um domingo no Theatro Pedro II, a entrega do "Prêmio Juca Pato" ao ungido "Intelectual do Ano": o professor, geógrafo e cientista Aziz Nacib Ab'Saber. Referência em assuntos relacionados ao meio ambiente e a impactos ambientais decorrentes das atividades humanas, professor emérito da FFLCH-USP, Presidente de Honra da SBPC, tendo recebido diversos e importantes prêmios pelas suas atividades, com destaque para a Grã-Cruz da Ordem Nacional do Mérito Científico.

Três de seus livros foram laureados com o "Prêmio Jabuti", premiados na categoria "Ciências Humanas e Ecossistemas do Brasil".

Foram tantos os eventos, destacados com uma tarde de autógrafos, onde as pessoas puderam estar com seu autor preferido e deleitar-se ao voltar para casa com o livro escolhido. E dentro dele, o nome e a saudação assinada pelo sonhado criador.

Na página anterior, Pedro Bandeira, Edwaldo Arantes e Armando Taminato, e Edwaldo com Deonnísio da Silva e Joaquim Botelho. No alto desta página, Zuenir Ventura, Edwaldo, Menalton Braff e Audálio Dantas no saguão do Hotel Monreale. Acima, Josué de Lima Peixoto, Gilberto Andrade Abreu, Fábio Lucas, Joaquim Maria Guimarães Botelho, Aziz Nacib Ab'Saber, Adriana Silva e Edwaldo.

Confesso da emoção que sinto até hoje quando me lembro de tudo: inclusive nossos encontros, almoços e chopinhos, bem como nossos papos pelas madrugadas e no firme propósito que foi possível fazer do sonho realidade. Dos prefácios, capítulos, parágrafos, autógrafos, que ficassem para sempre marcados. Independente da luta e propósitos, apenas pelo simples prazer do belo, da ternura do carinho e todas as manifestações que só as palavras podem buscar e agrupar.

Encerramento do Congresso Brasileiro de Escritores e a entrega do Prêmio "Juca Pato", Intelectual do Ano ao professor Aziz Nacib Ab'Saber nas dependências do majestoso Theatro Pedro II.

Um Paraíso, um coreto, uma sinfonia e o tempo

Nesta semana, sou mineiro e estive em Minas, caminhando na procissão, envolto no lumiar das velas e no canto triste e milenar da Verônica. Quase nunca envolvemos coelhos e chocolates. Falamos sempre sobre uma áurea que envolve Minas: suas montanhas, suas histórias e seus mistérios.

Serra da Canastra, por exemplo, as imagens nascidas do sonho de Aleijadinho, dos profetas em silêncio anos, anos e anos olhando para todos em absoluta contemplação. Congonhas e seus profetas. O mais importante deles, Isaías, abrindo com honra o tapete vermelho com olhar bíblico de outros tempos, marcando as escadarias do Santuário.

Isaías talvez seja o maior de todos os profetas. Filho de família nobre e abastada, condena as alianças com as nações infiéis e anuncia a vinda de um Salvador. O Livro da Consolação é dirigido aos exilados na Babilônia, exorta a libertação e o retorno a Israel. Rico em muitas passagens, vale a pena juntamente com um dos Salmos, o mais citado no Novo Testamento. E lá está Ele em absoluto silêncio, olhando para você e todos, no amanhecer e no entardecer das Minas Gerais. Apesar de trazer a marca da interferência do ateliê, a expressão da cabeça de Isaías não é outra

O coreto da praça da Matriz de São Sebastião do Paraíso e, acima, o Santuário do Senhor Bom Jesus do Matozinhos, em Congonhas, ambos em Minas Gerais.

senão àquela criada pelo gênio de Aleijadinho. A verdadeira expressão de um iluminado diante de uma visão, constituindo-se em uma das mais importantes peças de todo conjunto arquitetônico. Na realidade, não estava pensando em Congonhas, nos profetas e muito menos em Isaías, embora o considere um pouco parecido com o Apóstolo Paulo, meu preferido.

Banda Municipal de São Sebastião do Paraíso —Maestro Lalado e seus companheiros músicos

Não estava em Congonhas. Na realidade, em São Sebastião do Paraíso, minha terra natal, onde os ipês maravilham nossos olhos e machucam nosso coração pela saudade e vontade de levá-los. Falava de um tempo bom, uma praça, dos calças curtas, da Igreja, do Padre, um certo Coreto onde tantas vezes brinquei dando voltas ao seu redor.

Era diferente, tudo muda, apenas a saudade é eterna. Neste Coreto, meu tio regia sua banda e seus amigos. Hoje se chama: Coreto Geraldo Borges Campos, Maestro Lalado. Foi ele quem me criou. Um grande amigo. Ao seu lado, aprendi muitos ofícios, também um amor pela natureza, principalmente pelos canários belgas, sabiás, pintassilgos, coleirinhas, azulões, curiós, trinca-ferros e tantos mais. Criei-os em um tempo bom. Meu tio chegou a ter dezenas deles. Acordava cedo para ensaiar com seu saxofone e muito talento.

Sentava-se no meio da varanda, começava a soprar as primeiras notas com maestria e a batuta das mãos comandando uma sinfônica formada pelos mais competentes músicos que um dia vi. Um festival de assovios, trinados, chilreios e gorjeios. Um lindo sabiá laranjeira de nome Pixinguinha era o spalla.

Hoje não crio mais canários. Vivo apenas sonhos e tento levar um livro ao mais longínquo rincão. Minhas calças curtas cresceram. Não corro mais em volta do Coreto, não ouço mais meu tio, suas notas e sua sinfonia. Nunca mais vi um sabiá, nem a Marina imagina o que seja.

Como disse, e pedindo licença ao poeta maior:

"Eu não sabia que a minha história era mais bonita do que a de Robinson Crusoé".

Uma freira na masmorra

Um triste e nefasto acontecimento marcou Ribeirão Preto para sempre, lotado de absurdos, violências e impunidades, estabelecendo um verdadeiro clamor em um ato déspota, de uma ditadura sanguinária e arbitrária.

Havia na cidade, no ano de 1968, um orfanato de nome "Lar Santana", que acolhia e cuidava de crianças órfãs e abandonadas, sob a direção de uma jovem freira da Ordem Franciscana Secular, de nome Maurina Borges da Silveira, muito amada como Irmã Maurina.

Nascida na cidade de Perdizes, Distrito de Araxá, em Minas Gerais, filha de uma numerosa família composta de 11 irmãos, residentes na zona rural, sendo que quatro deles seguiram os caminhos religiosos.

Em um episódio de horrenda ocorrência, ocorrido no dia 25 de outubro de 1969, a Irmã foi presa, acusada de acobertar militantes da FALN - Frente Armada de Libertação Nacional que se reunia no local, com o intuito de imprimir material considerado altamente subversivo à época, em plena ditadura militar.

Ocorre que a Madre, em hipótese alguma, sabia, principalmente pela sua inocência, preocupada em acolher a todos, sem distinção.

Sem querer chocar ou mesmo constranger aqueles que terão acesso e leitura destes textos, ela foi torturada por cinco anos, pela maldade inexplicável desses bandidos, travestidos de servidores públicos e agentes da Lei. Passou como tantos outros por sessões de tortura com choques elétricos e demais formas de atentados físicos. Ameaçaram que fariam um exame ginecológico, provando que não mais era casta, forjaram um documento que ela assinou sob violentos atos de agressão em sua integridade física, moral e mental, onde constava pelos seus detratores que era amante de um militante da FALN.

As torturas sofridas sob a selvageria dos interrogadores e o suplício a que foi levada, foi comandado por dois violentos e corruptos Delegados de Ribeirão Preto, Renato Ribeiro Soares e Miguel Lamano.

O acontecimento foi vexatório para o governo à época, sob o comando do senhor Roberto Costa de Abreu Sodré, então Governador, indicado pelos militares, já que a eleição pelo sufrágio universal foi banida e quem os elegia eram os membros do golpe de março de 1964.

O bispo de Ribeirão Preto, Dom Felício César da Cunha Vasconcellos excomungou os dois emissários representantes da ordem e do poder público.

Lamano foi considerado o mais violento e sanguinário torturador da ditadura, dissipando com as vítimas assassinadas pelo regime, desaparecendo com seus restos mortais.

No DOPS - Departamento de Ordem Política e Social, aparelho da ditadura, ela foi torturada pessoalmente pelas mãos do bárbaro, desalmado, impiedoso e cruel, Delegado

Sérgio Fernando Paranhos Fleury. Anos depois sua biografia foi retratada na obra do jornalista "Percival de Souza" em sua obra, "Autópsia do Medo".

O arcebispo de São Paulo, Dom Paulo Evaristo Arns, fez importante declaração onde o ocorrido com Irmã Maurina foi o motivo que o despertou e o guiou para atuar na intransigente missão de proteger os desvalidos e oprimidos e buscar uma luta incessante pela justiça social.

Madre Marina conseguiu ser retirada da opressão e do terror, no ano de 1970, trocada pelo cônsul japonês, Nobuo Okuchi, seqüestrado em uma ação patrocinada pela VPR - Vanguarda Popular Revolucionária conseguindo exílio no México, onde permaneceu por quatorze anos, exercendo funções na livraria da Congregação das Irmãs de São José de Lyon.

Na tentativa de retornar ao país, no período do governo ditatorial do general "Ernesto Geisel Bechman, tendo seu pedido negado pelo então Ministro da Justiça, o terrível e temido, Armando Ribeiro Severo Falcão.

Anos e anos depois fui procurado por um grande amigo e parceiro, brilhante e destacado jornalista, radialista e escritor, Saulo Gomes. Saulo realizou sua primeira reportagem em 1956, depois de ganhar um concurso para repórter da "Rádio Continental" do Rio de Janeiro. Destacando-se com matérias que desvendavam os escândalos políticos que lhe custaram muitos dissabores na vida pessoal e profissional, que o fizeram migrar para o jornalismo investigativo e policial. Realizou então uma série de reportagens, cobrindo tiroteios, sequestros, foram, então, incontáveis

matérias de vanguarda, chegou a passar semanas viajando em uma jangada protestando pelas condições desumanas e miseráveis dos jangadeiros.

De compleição física magra, Saulo perdeu muitos quilos nesta ação, chegando a São Paulo com 46 kg. Chegou a entrevistar o General responsável pela prisão do líder guerrilheiro, Ernesto Guevara de la Serna, o "Che" e centenas de atuações na mídia.

Vale destacar sua importância para o Espiritismo, praticamente descobrindo o médium "Francisco Cândido Xavier", então restrito a Uberaba e cidades do interior do triângulo mineiro. Na noite de 28 de julho de 1971, no programa "Pinga Fogo", exibido pelo Canal 4 da TV Tupi, comandado por Saulo Gomes ao lado dos jornalistas, Reali Júnior, Helle Alves e Herculano Pires com a participação do intelectual católico, João Scantimburgo e um pastor

Na página anterior, Nicete Bruno, Edwaldo Arantes, Vera Gaetani e Saulo Gomes no lançamento do livro: "A coragem da inocência", de Madre Maurina Borges da Silveira. Acima, do arquivo da família, os familiares da madre.

evangélico, entrevistando o médium, em uma das maiores audiências da história da televisão brasileira.

Bem, vamos retornar ao Saulo, nossa amizade e a proposta que consistia em preparar o lançamento do livro "A Coragem da Inocência", uma biografia da Madre Maurina, pela Fundação Instituto do Livro, sob a minha presidência. O livro foi elaborado e escrito por Saulo Gomes, Frei Manuel Borges da Silveira, Irmão da Freira, Moacyr Castro, ABAP - "Associação Brasileira de Anistiados Políticos" e o IPCCIC - Instituto de Identidades Culturais".

Aceitei na hora, juntando-se a nós o MIS - Museu da Imagem e do Som, sob a brilhante atuação de seu Presidente, Ewaldo Arantes. Tivemos a ideia e a ousadia de

Acima, Madre Maurina e Frei Manuel Borges da Silveira. Na página seguinte, O livro "A Coragem da Inocência, de Madre Maurina Borges da Silveira", escrito por Frei Manoel Borges da Silveira, Saulo Gomes e Moacyr Castro – Associação Brasileira de Anistiados Políticos/ABAP, IPCCIC--Instituto de Identidades Culturais, 2014.

trazer a Ribeirão Preto, com 92 anos, Frei Manuel Borges da Silveira, para o lançamento. O Frei veio em um vôo de Uberaba, Minas Gerais para o evento que foi realizado na Casa da Cultura "Juscelino Kubitschek", com um sucesso merecido e total. O livro conta com depoimentos da Irmã e o resgate de sua memória vilipendiada pela ditadura:

Já me levaram para a delegacia; me levaram para uma sala, na antiga Força Pública, hoje Delegacia Seccional. E lá eu fiquei até às duas da tarde... Fiquei lá. Tinha um monte de coisas no chão, coisas apreendidas pela polícia. Tinha armas, coisas de farmácia, glicerina, que eles falavam que era para fazer

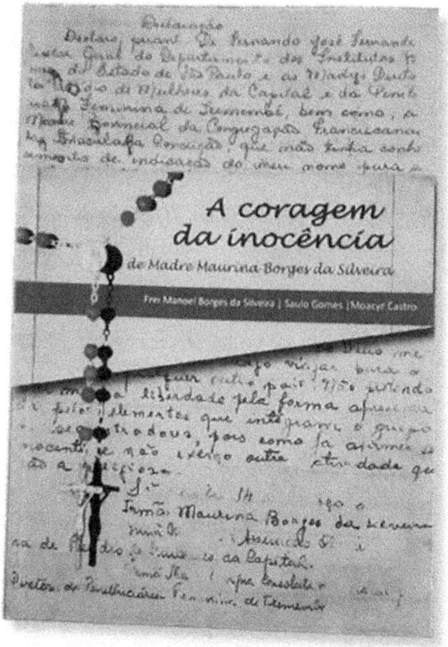

bombas... Chegaram seis homens, mais ou menos, entre eles estava o Fleury (Sérgio Paranhos Fleury). Começaram os interrogatórios... que foram os mais bobos que existiam... Uns falavam de virgindade, outros, que eu estava abandonada, outros, que a Igreja não queria mais saber de mim... Outros perguntavam se eu queria sacerdote para me interrogar... E, quando eles falavam essas besteiras, eu não respondia nada, ficava quieta... E, quando eu não respondia, eles me davam choque elétrico... Então, eles esperavam eu descansar para depois começar de novo... E isso durou muito tempo... Até, eu acho, umas três ou quatro da tarde. Vinha um, me interrogava, vinha outro, interrogava... Sim, sim. Só sei que era um delegado de São Paulo. Não sei quem era ele. Ele pegou a arma e queria que eu pegasse na arma. Eu disse não. Disse que não iria pegar a arma. Ele queria que eu deixasse minhas digitais no objeto. Depois me colocaram numa sala com a Áurea Moretti. Ela não podia nem sentar nem deitar, pois estava toda machucada. Nas mãos e nos rostos, eles não faziam nada, mas no resto do corpo sim. Não podia nem falar, comunicava-se só com gestos. No dia seguinte, fomos transferidos para a Cadeia Pública de Cravinhos (23 km de Ribeirão Preto). Ficamos lá um mês. Eu fui interrogada só uma vez. E colocaram o Mário (Lorenzato) na minha frente porque eles diziam que ele era meu amante".

Não sabia. Não sabia de nada. Só sabia do MEJ, mas nada da guerrilha. Nem desconfiava. Um dia, o pessoal do MEJ me pediu para fazer uma palestra sobre amor... Então, nem dá para imaginar que gente de um grupo guerrilheiro se interesse por palestra de uma freira sobre amor.

Porque eles torturaram Mário Lorenzato para que ele mentisse... Agora, tem uma coisa que eu nunca disse a ninguém: É sobre os ricos de Ribeirão Preto. No Lar Santana, orfanato que eu dirigia, tinha muita criança filha de mãe solteira e rica, o que era um escândalo social para a época (1969). Então, as crianças ficavam lá, mas o lugar era para os pobres. Eram cerca de cem crianças, e pelo menos 15 eram filhas de mães solteiras e ricas. Elas estavam tomando o lugar de outras, pobres, que precisavam de fato ficar no orfanato Lar Santana. As famílias davam cheques para nós e tudo o mais, mas o correto era que as crianças vivessem em suas casas. O que eu fiz? Devolvi as 15 crianças. Fui à casa de cada uma delas e as devolvi. E eram mansões, casas enormes. Eu dizia para as famílias: "O orfanato é lugar de criança necessitada que precisa de um lugar para viver, que não tem pai nem mãe". Acho que isso acabou influenciando de algum jeito no que me ocorreu depois. Não sei quem eram as famílias, mas isso deve ter tido ligação com a minha prisão.

Bem, agora vamos a um fato pessoal ocorrido na minha vida, em uma história insólita, incomum e mirabolante, de uma coincidência sem igual. Havia um certo "Café" onde eu, vez por outra, passava, nunca fui habitual frequentador, principalmente pelas posições duvidosas de alguns partícipes, de linhas conservadoras, para não dizer fascistas quanto à ideologia. Conheci neste "Café" uma professora da USP-RP, que não citarei o nome em respeito à pessoa humana. Acabamos ficando unidos e nos encontrávamos fora daquele grupo. Uma pessoa inteligente, sensível e com sólida formação acadêmica, apenas totalmente silenciosa sobre assuntos ligados à política e atualidades discutidas sobre eleições e acontecimentos públicos e governamentais, o que a mim pareceu omissão e alienação, mas nos relacionamos.

Após o lançamento do livro da Irmã Maurina, marquei com um advogado muito querido que havia pedido um livro autografado pelos realizadores. Ele marcou no "Café" que eu não apreciava. Chegando lá, estava sentada apenas a professora e uma amiga. O Dr. Chegou, tirou uma foto nossa e eu comecei a discorrer sobre o lançamento, o livro, sob os olhares estranhos da minha amiga. Aproveitei para desancar com a ditadura, os torturadores e, principalmente, os dois famigerados delegados, algozes da inocente Irmã. O advogado agradeceu, tomou um café, retirando-se. Eu me levantei fazendo menção de também ir embora. A professora, com um ar de constrangimento, pegou-me pelo braço dizendo:

—Preciso falar com você.

Nos afastamos do Café, já que se tratava de um shopping Center central, sentamo-nos em um banco. Ela começou a conversa:

—Olha Edwaldo, faz tempo que preciso te dizer algo importante sem nem mesmo saber como, devido à intimidade que adquirimos.

Ela abaixou a cabeça e ficou em silêncio. Disse:

—Fale!

Ewaldo Arantes (MIS), Saulo Gomes e Frei Manoel Borges da Silveira durante o lançamento do Livro "A coragem da inocência".

Mais alguns segundos, um silêncio sepulcral se apossou do instante quando ela levantou a cabeça e foi direto ao assunto, de uma forma rápida e quase desesperada:

–Eu sou filha do delegado Lamano.

Um turbilhão sobrevoou minha cabeça, mil pensamentos, um filme na mente. Me levantei, virei de costas, desaparecendo junto com meus embaraços, questões, interrogações e toda a amolação ao meu ser, causada. Nunca mais falei com ela.

A Cidade Luz em Ribeirão Preto

A Administração Pública Municipal, durante a gestão da então Prefeita Dárcy Vera, me convocou e nomeou para compor uma pequena e importante Comissão.

No ano de 2010, havia uma sólida condição de Ribeirão Preto ser a sede da Seleção Francesa de Futebol para a disputa da Copa do Mundo a ser realizada no Brasil, em sua edição de 2014.

Começamos os contatos e as tratativas em absoluto silêncio e segredo. Recebi os responsáveis pela Seleção Francesa de Futebol, da FFF - Fédération Française de Futebol e do Governo Francês.

A parte política, é claro, ficou a cargo do Governo Municipal. As tarefas da Comissão seriam as estratégicas, atendendo prontamente solicitações e fornecendo informações do corpo técnico francês, especialmente sobre a segurança, rede hoteleira e os campos para os treinamentos do escrete europeu, como um mapa socioeconômico, população, renda per capita, nível escolar, quantidade de alunos em rede pública, quantidade de escolas, malha viária, principais avenidas, enfim, uma radiografia do município em todas as suas diretrizes.

Na nossa primeira reunião, ficou estipulado que o primeiro contato com a cidade seria com os engenheiros, arquitetos e demais profissionais, com foco no hotel, campo de treinamento, suas estruturas e distâncias.

Visitamos em primeiro lugar o "Estádio Santa Cruz", do Botafogo Futebol Clube, juntamente com os responsáveis pelo local e as mudanças que deveriam ser providenciadas, caso fosse aprovado.

A Diretoria do clube recebeu todas as solicitações e possíveis alterações, anotando item por item. Senti que havia interesse e todos estavam imbuídos da escolha. Depois os levamos ao Estádio "Francisco de Palma Travassos", do Comercial Futebol Clube, para os mesmos procedimentos, onde foi notório o interesse e agrado da diretoria do clube.

No outro dia, marcamos com os diretores e proprietários de um hotel que possuía todas as características e atributos ilustrados pelos profissionais técnicos, para receber um elenco de hóspedes deste calibre.

O hotel que indicamos era praticamente uma pousada de luxo, dentro do perímetro urbano, em uma zona não residencial, pois como nos pediram, necessário um local mais distante, com área verde, espaço para um campo de treinamentos e que pudesse ficar à disposição e tão somente do selecionado francês.

Foi feita uma observação importante sobre a cozinha, sua estrutura, pois todos os responsáveis seriam franceses: "chefs", nutricionistas, bem como todos os gêneros alimentícios.

Apresentei-os e nos retiramos da reunião, deixando que ficassem à vontade para tratarem dos negócios.

Almoçamos em uma churrascaria perto, onde eles ficaram maravilhados com a qualidade das carnes e acompanhamentos, regados a caipirinhas e chopps.

Levei-os de volta ao hotel e ouvi do chefe da comitiva que queriam ir a um restaurante à noite. Às 20h fui buscá-los, com destino à "Choperia Pinguim", nacionalmente conhecida. Foi realizado um festival de chopps, vinhos, caipirinhas e porções. Saímos de lá na madrugada, com aprovação geral pelo local.

No outro dia, nos dirigimos novamente ao hotel. Um dos engenheiros foi me explicando os próximos passos. Eu estava acompanhado de um excelente intérprete, professor universitário na cidade e com mestrado na Sorbonne. Ele traduziu o que o profissional queria:

—Nós vamos fazer hoje três contagens de tempo, entre o hotel e o 'Campo de Treinamento', em horários diferentes: às 9h, 15h e 18h, onde vamos cronometrar os tempos de cada trajeto".

Tudo foi feito com a máxima competência, com atuação extremamente criteriosa e exata.

Assim foi feito, pois o primeiro local fica bem perto do hotel, servido por uma importante avenida e com facilidade de acesso.

Na outra manhã, o mesmo sistema foi realizado no outro local.

Todos esses processos estavam sendo realizados também em outras duas cidades que pleiteavam a indicação da sede. Não fui informado por questões do protocolo francês, ou seja, de uma prudência e discrição ímpares.

Recebemos um relatório onde constavam as necessidades que o município deveria prover, como me passou o tradutor:

—Batedores à disposição para os deslocamentos, segurança absoluta da Polícia Militar e demais órgãos, segurança privada que seriam treinadas pela segurança deles, e um rol de providências, cuidados e diligências a serem tomadas.

Necessário se faz reconhecer e divulgar que as despesas seriam e foram todas resgatadas integralmente pela Federação Francesa, incluindo reformas do Estádio, alterações no hotel e demais realizações que seriam feitas caso Ribeirão Preto fosse a escolhida.

Depois de muitos tratados, partindo de critérios que deveriam ser fielmente seguidos, onde destacamos a incrível atuação de todos eles na observação de todas as variáveis, com um senso de responsabilidade e eficiência marcantes.

Chegou o dia do resultado e da escolha da cidade para Sede da Seleção Francesa na Copa. Sob muitas festas e comemorações, fomos escolhidos, principalmente por um detalhe esplêndido que contribuiu muito para o destaque.

Estava sendo realizada a nossa Feira Internacional do Livro, em espaço público no Centro, a maior "Feira de Livros a Céu Aberto" do mundo, recebendo cerca de 500 mil pessoas em seus 15 dias com escritores, artistas e editores de todo o país. Isso os maravilhou e realmente fez jus ao codinome "Cidade Luz", ou seja, cidade das ideias.

Recebemos o responsável pela comunicação, imprensa e mídias do Governo Francês, novamente meu querido tradutor, passando a informação:

—Teremos aqui centenas de jornalistas, comentaristas e a imprensa e mídia do mundo todo. Precisamos de um local para montarmos o comitê de imprensa.

O Instituto do Livro, que eu presidia, fica no "Quarteirão Paulista" em um conjunto arquitetônico fielmente restaurado, composto pelo Centro Cultural Palace (antigo Hotel Palace), Theatro Pedro II e o edifício "Maiera Junior". No térreo está instalado o "Pinguim".

O antigo Hotel Palace, criteriosamente restaurado, com seus salões imensos onde os barões do café e hóspedes privilegiados realizavam seus bailes, hoje foi transformado em um Centro Cultural.

Com um detalhe: localiza-se a 40 metros do Pinguim, na mesma calçada, onde eles se apaixonaram e não saíam da famosa casa do chopp. Tudo certo, cedido e acordado.

Enfim, chegou o grande dia, a apoteose. A Seleção Francesa desembarcou em Ribeirão Preto, em uma segunda-feira. Muitos torcedores se dirigiram ao aeroporto para ver os jogadores.

Devido a um mau tempo em Paris, houve um atraso no embarque para o Brasil. Chegando a São Paulo por um avião fretado, foi feita a viagem para a nossa cidade.

Toda a rotina da "Capital da Cultura" sofreu alterações no seu dia a dia, pois com jornalistas e correspondentes, torcedores franceses e toda a equipe de assessoria e estratégias. Por exemplo, todos os veículos vieram do país, de uma marca conhecida e patrocinadora do selecionado francês, bem como seus motoristas.

No começo houve reclamações da população devido à frieza dos jogadores, que praticamente não atendiam nem interagiam com a cidade, quase um menosprezo. À medida que os dias foram passando, eles se renderam ao carinho e à atenção dos ribeirão-pretanos e dos moradores das diversas cidades que compõem a região administrativa.

Um fato relevante foi o primeiro treino oficial, muito concorrido, no campo escolhido, onde cerca de 20 mil pessoas participaram e assistiram aos exercícios e práticas. Sou testemunha disso, meu celular não parava de tocar com pedidos de ingressos.

Ao final da prática, os jogadores se dirigiram à beira do gramado e aplaudiram a plateia, que foi à loucura. Estava selada a amizade.

Preciso relatar também um acontecimento: fui apresentado a uma espécie de relações públicas, diretora e "Condoleezza", de nome Catherine, que aos nossos olhos era a lembrança de Catherine Deneuve, Jeanne Moreau, Fanny Ardant ou Brigitte Bardot, lindíssima, com um porte que dava calafrios na espinha da gente.

Era necessário que ela fosse instalada em um local, uma sala ampla, para seus contatos. Minha sede como Presidente da Fundação Instituto do Livro, em um antigo imóvel onde funcionava o melhor hotel, sede dos barões do café e dos comerciantes abastados que aqui se dirigiam.

O prédio de 1924 foi totalmente restaurado, com o apoio da iniciativa privada. O belo conjunto transformou-se em um Centro Cultural nos seus 3 pavimentos.

Imediatamente providenciamos uma sala ao lado da minha, que foi mobiliada e estruturada pela Federação Francesa. Ficamos muito amigos. Fui uma espécie de "*accompagnatrice*" da bela senhorita.

Era impressionante. Participava de reuniões com ela em pontos turísticos de Ribeirão Preto e nos restaurantes.

Quando entrávamos em um restaurante, era uma catarse, um festival de olhares abismados e perplexos com a presença da "lady".

No primeiro treino do escrete, ela fez questão de ficar na arquibancada e não em camarotes. Chegamos atrasados, a galera quase veio abaixo. Suspiros e assobios, com o que ela sorria e acenava com a elegância dos desfiles da "Dior".

O tempo foi passando, o avião fretado cruzava os ares, aterrizando e decolando, percorrendo os ares e os céus dos jogos da Copa. E foi assim: Equador, Suíça, Honduras, até as oitavas de final, eliminando a Nigéria, e jogaria com a Alemanha pelas semifinais.

Fui chamado à sala da Catherine e lá estava o Presidente da Federação Francesa. Recebi dele um envelope com a eficiência do meu tradutor e os sorrisos contidos e magníficos da deusa. Ela assim me relatou:

—O Governo Francês, a Federação, o Comitê de Imprensa e todos que conviveram com o senhor agradecem a hospitalidade e todos os esforços em receber-nos. Você é convidado para a nossa participação nas quartas de final. Dentro se encontram as passagens e o 'voucher' com o hotel, especialmente contratado. Esperamos voltar juntos com a França classificada para as finais".

Ao lado da beldade e outros, fui para o Rio, que adoro. Torci loucamente nos camarotes do Maracanã, sofri demais, sob uma tristeza imensa. A Alemanha derrotou a França por 1 x 0, colocando um final no sonho.

Nos despedimos emocionados. Ganhei mais três dias no Rio e voltei cabisbaixo, em silêncio absoluto e taciturno no voo de volta.

Foi uma experiência incrível em minha vida. Até hoje troco mensagens com a musa e tantos amigos que conquistei com a Cidade Luz em minha terra. E também segredos invioláveis que levarei sempre comigo.

Acontecimentos na famosa Choperia

Sempre fui um assíduo frequentador de uma famosa casa não só em Ribeirão, como em todo o Brasil: a “Choperia Pinguim”. Todos os anos, no meu aniversário, ganhava um “Pinguim de Porcelana” com meu nome e o ano. Cheguei a ganhar uns 50. Na festa dos 70 anos, fui convidado e homenageado. Uma amizade eterna.

Nossa turminha, um grupo de amigos, quase sempre estávamos lá. A casa abre pontualmente às onze horas; no nosso caso, podíamos entrar bem antes. Ficávamos conversando com os competentes e tradicionais garçons, funcionários e entre nós.

O Sócrates era o que sofria quando a casa abria, depois de uma fila imensa que se perpetuava até o fechamento.

O Pinguim tem a tradição de receber muitos turistas. Então, o Magrão era o prato cheio. Todos corriam para ele, compravam camisas em uma loja de esportes próxima. Ele autografava com a maior paciência.

Certa vez, uma senhora pediu para que ele falasse com o marido em Fortaleza. Pegou o celular e discou. O marido, longe, no Ceará, ficou bravo, achando que era um trote. Só depois de convencido, começou a chorar. Corintiano doente.

Vou segredar aqui dois causos interessantes dentre muitos que vivemos na casa.

Acima, encontro com amigos na choperia Pinguim e a própria Choperia Pinguim de Ribeirão Preto/SP.

Abrindo as portas, uma família inteira correu para a nossa mesa. Entre abraços e autógrafos, se acomodaram em sua mesa, ficando apenas o marido, pai e avô.

O Kaxassa, sempre presente, lia a Folha de São Paulo, alheio a tudo. O indivíduo falava sem parar, elogiava o Magro, falava da sua terra, dos vídeos que tinha gravados.

O Magrão, muito amável, perguntou sobre as atividades dele em sua terra.

O fanático senhor explicou que tinha umas terrinhas e produzia leite.

O Presidente do Cauim, Fernando Kaxassa, dirigiu-se a ele. Me parecia irritado com a falação e indagou:

—Meu amigo, você sabe quando foi a única vez que bebi leite na minha vida?

E o insistente senhor:

—Nem imagino.

E o Kaxa:

—Abri os olhos e minha mãe me embalava, fazendo com que o turista se levantasse e se juntasse aos seus.

Em outro sábado, aproximou-se da mesa um jovem senhor e começou a elogiar o Magro. Elogiava, falava, elogiava, falava, e o tempo passando, quando ele foi puxar uma cadeira, fazendo menção de juntar-se a nós.

Sócrates não teve dúvidas:

—Sentar, não.

Um xale para a eternidade

Em uma sexta-feira do mês de julho, logo cedo, estávamos tomando café, quando a Taís me falou:

—Quero comprar um xale para a avó Maria hoje.

No que imediatamente concordei, dizendo:

—Perfeito.

No final de tarde, a gente se encontrou e fomos comprar o xale. Engraçado que a Taís me telefonou umas cinco vezes e falava do xale. Assim que entramos na loja, ela já avistou o produto. Acredito que já o tenha visto, me mostrou já com ele nas mãos. Realmente, tratava-se de uma peça muito bonita, toda branca, com rendas laterais, digna realmente da nossa mãe.

Ela estava residindo com o meu irmão Ewaldo, para onde nos dirigimos para entregar o presente. Me lembro da felicidade dela. Ficamos conversando, as duas se gostavam e se davam extremamente bem. Depois de boas conversas, fomos embora, mamãe com o xale nos ombros, toda garbosa.

No outro dia, sábado, eu tinha um encontro no Pinguim I, o autêntico, o primeiro, no térreo do "Edifício Diederichsen". Em 1936, foi inaugurado um misto de bar e choperia, bem nas esquinas das ruas General Osório com Álvares Cabral.

O interessante é que os turistas que buscam o Pinguim hoje não sabem, bem como os mais novos de Ribeirão, que acham que só existiu um Pinguim. Localizado no térreo do Edifício “Meira Júnior” de 1930, que juntamente com o Centro Cultural Palace, antigo Hotel Palace, e o Theatro Pedro II, compõe o “Conjunto Arquitetônico” denominado “Quarteirão Paulista”.

Estabelecemos então as identificações, com profundo respeito à história dos dois Pinguins, sendo um de 1936, o primeiro, onde hoje encontra-se uma loja de calçados, e o outro, o segundo de 1977, no antigo local do “Lanches Paulista”.

Mas voltemos ao sábado de julho do ano de 2008, às 11:00, onde eu me encontrava em pé, saboreando um Chopp com colarinho alto. Se não quiser passar vergonha, quando for lá, nunca peça um “chopp careca”. Quando meu celular tocou, era minha cunhada Solange, muito triste e apavorada, comunicando a súbita morte da avó Maria.

Fiquei meio aturdido, sem ação. Localizei a Taís, dando início a toda melancolia, tristeza e os procedimentos que necessitavam ser realizados. A Taís, mesmo em desespero, teve um papel fundamental, humano, solidário, despojado e lírico, cuidando de tudo. Assim que o corpo chegou ao agente funerário, depois de vesti-la, fiquei sabendo que ela pegou um batom, sob os olhares de uma funcionária, que indagou:

—Mas para que o Batom?

No que a Taís imediatamente respondeu:

—Ela era muito vaidosa e elegante, não atendia jamais a porta sem sequer estar bem-vestida e com um batom rosa.

—Perfeito. Uma verdade incontestável.

O velório da minha mãe na Saudade, com muitos amigos. Lembro-me que lá pelas onze horas, o então Prefeito, Dr. Welson Gasparini, seus colaboradores e o querido amigo da Família, Valdemar Corauci Sobrinho, meus parceiros e amigos de "copo e de cruz", todos lá para prestar condolências e se despedirem dela.

Não vou esquecer nunca do sofrimento do meu irmão mais velho, Ewaldo. Os dois eram muito íntimos e próximos, de uma amizade que extrapolava a relação de mãe e filho. Tanto assim o é que ela faleceu na casa dele.

Os netos que ela praticamente criou juntamente com a família, era notório no semblante e nas lágrimas deles: Érica, Tiago, Rodrigo, Otávio e minha filhota Marina.

Meu saudoso irmão caçula Noel, que hoje deve estar com ela, chegou de Campinas com os filhos e esposa. Um ambiente de solidariedade, envolto em amargor, desgosto, angústia e saudade, acompanhados de uma tristeza de apunhalar o coração e esvaziar a alma.

Como se fosse alguém esperando e vivendo o amor do soldado que se encontra na guerra.

No outro dia cedinho, nos dirigimos em cortejo para São Sebastião do Paraíso, Minas Gerais, onde ela exerceu o Magistério por cerca de 50 anos. Foi ungida e agraciada como "Professora Emérita". A cidade inteira foi aluna dela, possuía o apelido carinhoso de "Professora Maricada", desde os tempos de jovem normalista, iniciando a brilhante carreira em uma escola rural, muito comum naqueles tempos.

Criou três filhos absolutamente sozinha, com o apoio dos familiares, que foram fundamentais na formação e existência.

O "*Xale*"

Dedicou sua vida ao magistério e a nós, sem nunca desistir ou deixar de lutar.

As horas que antecederam o funeral foram cobertas de fatos e ações inesquecíveis em homenagens. Pessoas chegando de todos os lados, amigos, amigas, famílias e a surpresa na hora de descer a sepultura, sob os acordes da Banda da Polícia Militar. Uma chuva de flores, aplausos e olhos marejados.

Um detalhe que não pode ser nunca esquecido: adormeceu com o xale e faleceu com ele. Nada mais justo que também fosse embora para outro tempo e espaço com ele sobre os heroicos, magníficos, grandiosos e soberbos ombros.

Composto em Freight Text Pro pela
Officio para a Almedina Brasil.
Barra do Sul, Ilha de Santa Catarina,
novembro de 2023.